エン・ジャパンの飛躍を支えた CSA 経営

Career Select Ability

越智通勝

ダイヤモンド社

はじめに

本書を手に取っていただき、ありがとうございます。

私は2022年3月をもってエン・ジャパンの代表を降りました。大変失礼ながら、クライアントのみなさま、当社を支えてくださった多くの方々にご挨拶《あいさつ》することを怠りました。2年後の今、お詫《わ》びを兼ねて、この本を執筆しました。一人創業以来40年。これまで私たちが培ってきたこと。私が経営に関わる中で考えてきたことをお伝えしたい。そうすることで、少しでも、みなさまのお役に立ちたいと思っています。

同時に、経営を引き継いでくれた経営陣、社員のみなさんへのメッセージにもなれば、と考えています。

何が役に立つか。お客様に少しでも具体的に導入して喜んでもらえるものは何か。この2年間で考えました。それをまとめたものが「CSA経営」です。「CSA経営」は私が原型をつくり、社内で実践。社員とともにこれまで磨き上げてきました。

CSAとは「CareerSelectAbility®（キャリア自己選択力）」の略語で、「どこでも活躍できる力」を意味します。私の経営を一言でいうならば、「縁あって入社してくれた仲間がCSA（どこでも活躍できる力）を習得し、活躍し続ける経営」です。この経営の考え方を私は「CSA経営」と呼んでいます。

エン・ジャパンといえば、人材採用支援の会社だとイメージされると思います。しかし、この本では採用にはあまり触れていません。採用に関しては別の機会に譲ります。採用は企業経営の要ではありますが、ピースの1つです。採用以前に経営全体を考えなければなりません。本書で述べる「CSA経営」の実践は「どこでも活躍できる優秀な人材」を社内で増やすこと。そうすると、優秀な人材と一緒に働きたいという人が集まる会社になります。採用力の強化にもつながっていくのです。

「ＣＳＡ経営」は複雑で多岐にわたる経営という仕事をシンプルにします。経営は、つまるところ「人」です。会社をどこでも活躍できる人材で満たす。さまざまな経営課題は自然と解決されていきます。魅力的な商品・サービスをつくる。顧客に届ける。会社を管理・サポートする。すべて人が行うものです。「採用した人材を社内外のどこでも活躍できる、通用する人材に育成すること」。「その人材が自社で活躍し続けてもらえる環境をつくること」。経営者はこれらに集中すればよいと考えています。

「ＣＳＡ経営」は、現在、ホットイシューになっている「人的資本経営」にも合致します。「人的資本経営」は、人材＝コストとみなす従来の考え方と大きく異なります。「人材を資本と捉え、その価値を最大限に引き出すことで、中長期的な企業価値向上につなげる経営」です。ＣＳＡ経営は、まさにそれを先取りする取り組みだったと言えます。

創業からここまで、私は会社を成長させることに全精力を注いできました。会社の規模を、利益を、株価を最大化することが目的だったわけではありません。事業を通じて世の中に役立つことで、敬意を持たれるグレートカンパニー（質的ナンバーワン企業）にしたいと考えてきました。そのためには、社員の成長が欠かせませんでした。職業人として成長する以上に人間として成長してほしい。「いい人材」の条件とは、特定の組織、特定の環境でだけ通用するのではありません。「社内外のどこでも信頼され、活躍できる力」を持つ者ではないでしょうか。それがＣＳＡの意味するところです。

私は元々、東京で組織開発・人材開発コンサルティングの会社で働いていました。両親の面倒を見るために関西に一時帰郷。１９８３年にエン・ジャパンの前身である日本ブレーンセンターを大阪で創業しました。求人広告代理店からのスタートです。創業時は大きな志などありませんでした。会社を大きくすること、ましてや上場するなど毛頭考えていませんでした。

心変わりをしたのは、ある女性社員の何げない一言でした。「越智さん、どうせなら会社を大きくしませんか？」。会社の規模を拡大するのも面白いかもしれない。その一言で私の心が大きく動きました。

規模を大きくするほど、問題が起こります。特に人。たくさんの人が入っては辞めを繰り返しました。私は社員が辞めるたびにいつも後悔をしました。彼・彼女のために、何をしてやれただろうか。いざ辞めるときにハッと気づくのです。普段は忙しすぎて一人ひとりの社員について深く考えることができていませんでした。

せっかく入社してくれた社員に何か恩返しをしたい。迷い続けました。迷いの中で、私の心に浮かんだこと。それが、社員を「どこでも活躍できる人材」にすることでした。当社が仮に危機に陥っても、他社でも立派に活躍できる人材になってもらうことでした。

決意をしてからは迷いがなくなりました。どこでも活躍できる人材に辞められないように、経営者としてどう努力するか。そんな、いい緊張感も生まれました。

社員をどこでも活躍できる人材にするために、どんな力を身につけさせればいいのか。どんな職場環境をつくればいいのか。最も大きなヒントは30年以上前に出会った稲盛和夫さんからの学びでした。京セラの創業者で、経営者向けの「盛和塾」を創設されていました（2019年に解散）。この塾で私は多大な影響を受けました。その中でも「人生・仕事の結果＝考え方×熱意×能力」という公式・思想がCSAの礎になりました。そこから、自分なりに考え、社員とともに実践。試行錯誤を繰り返しながら今のCSAの概念ができました。「CSA＝考え方×能力×環境」です。

「エンの強みは何か」。「それもクライアントにも役立つものは何か」。この2年で改めて考え続けました。ヒントは社外の方々との会話にありました。

まず、当社の社外取締役。上場企業の社長を長年務めてきた方です。その方は当社の3カ月ごとにある全社キックオフミーティングに毎回参加してくれています。キックオフでは、あらゆる賞を受賞するすべての社員が、理念に基づいた共通言語で想いを語ります。発表者の全員がです。その光景を見て「私もこういう経営を実現したかった」と言っていただけたのです。百戦錬磨の経営者に評価されて、改めて当社の強みを認識できました。

次に、元社員たちです。社員が退職の挨拶に来てくれるとき、私はいつもこう言っています。「外に出て気づいた当社の課題を教えてほしい。もちろん、いいところもあれば教えてほしい。気軽にメールをくれたらいいよ」と。退職後、元社員たちは約束通りメールをくれたり、会いに来てくれました。多くの社員がこう言います。「ＣＳＡという共通言語があることのすごさを改めて感じました」

「例えば、どんなものがよかった？」と聞くと、ある元社員は「意志決定支援力です」と答えました。本文で丁寧に説明しますが、「意志決定支援力」とは私たちの造語で「役員や事業部長に現場情報や課題に関する報告・相談・提案をすばやく能動的に行い、決定権者の思考力・判断力を高め、間違った決断をさせない支援をする」ことを指します。その言葉が社内に浸透しているからこそ、上司に率直に意見が言え、結果、自由闊達《かったつ》な風土になっていた。彼は会社を辞めて、その価値に初めて気づいた、というのです。「今の職場で、どう導入したらいいのか」と相談を受けました。

今では他社の人事担当役員をしている別の元社員はこう言いました。「辞めたからこそわかります。ＣＳＡは発明品だと思います。社員に求める考え方や能力をここまで言語化している会社は見たことがありません。そして、社員全員に浸透させることもなかなかできることではありません」。人事責任者だからこそ、ＣＳＡの価値を改めて理解できたというのです。

さらには、経営者の方々です。「うちの社長が悩んでいるので、会ってもらえませんか」。元社員から相談され、経営者と会う機会があります。社員との関係性に悩んでいる社長には、ＣＳＡの「キモチ伝達力」を利用した関係性づくりをお勧めしました。「キモチ伝達力」とは「相手に自分のことを理解してもらうために、相手の言動に対して感じた自分の喜びや悲しみを、能動的に、率直にそのまま伝える力」です。

当社クライアント（お客様）の経営者の例も1つ挙げます。その方は、当社社員に理念が浸透していることに感動。秘訣《ひけつ》を聞かれました。ＣＳＡの「理念共創力」の話をしました。「理念共創力」とは「理念を共に創り上げるために疑問があれば投げかけ、ときには改善案を出す力」のことを言います。

当社では会社の理念を絶対視してはいけない。私や鈴木社長、役員が言うことが絶対ではない。理念でさえ、可変である。改善案があれば出せばいい。現実、理念は簡単に変えるものではないのですが、社員が改善案や疑問を出し議論を尽くすからこそ、理解が進む。納得・共感が生まれ、浸透されるのです。経営者にとっても考えるいい機会になります。

「キモチ伝達力」や「理念共創力」の詳細は本文に譲りますが、ＣＳＡを中心としたアドバイスは経営者の方々のお役に立てたようです。

これらはほんの一例にすぎません。代表を降りてから、当社の経営を知りたい、学びたいという方からの問い合わせが増えるようになりました。社員とともに実践してきた「ＣＳＡ経営」を世の中に公開する。意義があることなのではないか。お話しするみなさんの反応を受けて、そう考えたことも、筆をとった背景です。

本書では、ＣＳＡを構成する「7つの考え方」「20の能力」「4つの環境」のそれぞれについて詳しく説明していきます。

本書のアウトラインは以下の通りです。

第1章　社員のＣＳＡを考え続けた40年
第2章　社員と経営者を飛躍させる7つの「考え方」
第3章　社員と経営者のパフォーマンスを高め、経営を強くする20の「能力」
第4章　経営者がつくる、どこでも活躍できる社員が育つ4つの「環境」
第5章　社員のＣＳＡの向上を促進する人事評価・報酬・教育制度

第1章では、ＣＳＡの全体像をご紹介します。環境変化が激しい今。「どんな環境に置かれても活躍できる力＝ＣＳＡ」をいかに社員に身につけてもらうか。これが企業が生き残るためのポイントです。ＣＳＡを向上させる方程式は「7つの考え方」×「20の能力」×「4つの環境」。それぞれの概要をお伝えするとともに、背景にある私の危機感や日本独自の勤労観についても説明します。

第2章では、「考え方」について説明します。「考え方」は、CSAの中で最も大切です。社員に浸透させるのみならず、経営者自身の指針にもなります。「心を強める」考え方、「心を広める」考え方、「心を高める」考え方という3つの枠組みに、Enjoy-Thinkingを加えた計7項目があります。「経営者はそれぞれの考え方について、どう考えればいいのか」。「エン・ジャパンは、それぞれの考え方について、社員に何を求めてきたか」。2つの観点から述べていきます。

第3章では、「能力」について説明します。エン・ジャパンが社員に求める能力は、「対人関係力」「発想力」「論理力」「組織貢献力」の4つのカテゴリーに分かれています。それぞれのカテゴリーに下位概念があり、合計20項目を定義しています。当社での事例を踏まえながら、どこでも活躍できる人材を育て、強い組織をつくるためにはどうすればいいのかを説明します。

第4章では、人材が育つ「環境」について説明します。前の2つの要素とは性格が異なります。個人の努力によって身につけたり、高められるものではありません。まさに経営者の役割が大きい項目です。「どんな条件の組織で働くか」は、個人のCSA向上に大いに関係します。「どういう組織体制や風土にすると社員が成長するのか」を説明していきます。

第5章では、CSAを浸透させ、行動に落とすための評価・報酬・教育制度をご紹介します。CSAの各要素は、社員に周知するだけでは「絵に描いた餅」に終わるかもしれません。どのように社員の行動に落とし込むかが大事です。人事制度として仕組み化することによって、実践につながります。「どこでも活躍できる力」の獲得ができるのです。

本書が想いと覚悟を持ってマネジメントに取り組む経営者のみなさまにとって、何がしかの刺激となり、考えるきっかけとなるなら、これほどうれしいことはありません。

エン・ジャパンの飛躍を支えたＣＳＡ経営　目次

第2章 社員と経営者を飛躍させる7つの「考え方」

第3章 社員と経営者のパフォーマンスを高め、経営を強くする20の「能力」

第4章

経営者がつくる、どこでも活躍できる社員が育つ4つの「環境」

第5章 社員のCSAの向上を促進する人事評価・報酬・教育制度

第1章

社員のCSAを考え続けた40年

Introduction

経営者となって40年。多くのクライアント、社員、関係者の方々のおかげで、一人で始めた会社は、社員数３０００名を超え、東証プライム市場に上場をするまでになりました。この間、経営の根幹に据え、大切にしてきた言葉。それは【CareerSelectAbility®（ＣＳＡ）】。「はじめに」で述べた通り、【ＣＳＡ】とは、「どこでも活躍できる力」です。変化の激しい正解が見出しにくい時代。ＣＳＡを持つ社員が多い会社ほど成長の可能性を持っています。この章では、まず「ＣＳＡ」の全体像を説明します。

社員が「どこでも活躍できる人材」にならなければ会社の発展はない

企業の発展には社員の成長が欠かせません。環境変化が激しい今。どんな環境に置かれても活躍できる人材こそが企業には必要です。エン・ジャパンは、社員を「どこでも活躍できる人材」にし、成長を果たしてきました。その根底にあるのは【CSA】という概念。本書を通して「CSA」の考え方を詳しく解説していきたいと思います。

「CSA」は私の造語です。正式には【CareerSelectAbility®】。日本語訳をすると「キャリア自己選択力®」という意味です。社内異動、または就職・転職のときに、自分が望む道をさまざまな選択肢の中から選べるだけの実力。転じて、どんな職場で、どんな環境に置かれても通用するような力です。

この表現は2010年ごろにつくりました。会社の大事な理念の1つに据えました。日本だけでなく、アメリカ、シンガポールでも商標登録をしています。

1983年にエン・ジャパンの前身である日本ブレーンセンターを創業。それ以来、この「CSA」を暗黙のうちに意識して経営を続けてきたように感じています。

一人で創業した当初は、当然ですが、会社はいつ潰《つぶ》れてもおかしくない状態です。それでも一緒に頑張ってくれる社員がいました。何か報いることはできないか。考え続けた結果、出てきた答え。それが、「うちに縁があって入社してくれた社員を〝どこでも活躍できる人材〟に育てること」だったのです。

もし会社が危機に陥っても、どこでも活躍できるようになっていれば、社員たちは困らないはず。経営者である私がやるべきことだ、と考えたのです。

実際に、当社社員のCSAを強く実感した場面がありました。

CSA

CareerSelectAbility®《キャリアセレクタビリティ》の略称。

「キャリア自己選択力®」という意味で、社内異動、または就職・転職のときに、自分が望む道をさまざまな選択肢の中から選べるだけの実力。
転じて、どんな職場で、どんな環境に置かれても通用するような力。

２００８年に起こったリーマンショックのときです。多くの企業が危機に陥り、当社も影響を強く受けました。２００９年5月に業界に先駆けて３２１名の希望退職を実施（当時社員数１０９４名）。批判も受けましたが、早めの動き出しが功を奏し、全員が転職先を決めることができました。傷が浅い早いタイミングのほうが受け入れ先の選択肢は広がります。しかし、経営者にとって、早期の決断をするのは難しいものです。それにもかかわらず、なぜできたのか。日頃から社員にＣＳＡを身につけさせている自信があったからです。決断が遅れた同業他社では、結局、より多くの早期退職者を募ることになりました。

ＣＳＡの概念が生まれた背景。社員一人ひとりがよりよいキャリアを築くにはどうしたらいいか。どうい

CSAとEmployabilityの違い

CareerSelectAbility® …… **能動的**

＝現職内で、または就・転職時に、
多くの選択肢の中からキャリアを自分の意志で選べる力

Employability …… **受動的**

＝現職内で雇用され続け得る力、
または就・転職時に雇用され得る力

う能力や考え方を持たせるべきか、と考えたことにあります。最初に思い浮かんだのは「Employability」でした。マッキンゼーやボストンコンサルティングなど、アメリカのコンサル会社が１９８０年代によく使っていた言葉です。戦略コンサルは仕事が厳しく、社員の多くが3年から5年ぐらいで辞めてしまいます。結局、１割の社員しか残らないという世界。ただし、そんな厳しい環境で働けば「Employabilityが身につく」と言われていました。その謳《うた》い文句があるから、戦略系コンサル会社は成長志向の強い若手に人気があるのです。

私はそこに違和感を覚えました。Employabilityとは字義通りに解釈すると、「今いる会社に雇用され続け得る力、または、就職や転職時に雇用され得る力」。会社主体、雇用主側主体の考え方です。

経済全体が成長している時代であれば、それでもよかったかもしれません。ビジネスの勝ち筋が明確で、モノをつくればつくっただけ売れる時代。上司が常に正しい方向性を示す。みんなはそれに従う。そうすれば成果を上げることができた時代と言えるでしょう。強力なリーダーシップのもとで勝つ体験を重ねる。社員はみな成長できたに違いありません。

時代は大きく変わりました。経営者にも上司にも正解はわかりません。みんなで試行錯誤しながら答えを見つける。そんな時代になりました。会社に頼り切りになることはもはやできない。会社主体のキャリアでは危険きわまりない。これからの時代は、個人がキャリア形成の主体になる時代なのではないか。一人ひとりがCareer（キャリア）を自らの意志でSelect（選択）できるAbility（能力）を身につけなければならない。私はそう感じたのです。

ＣＳＡは、経営に役立つ概念です。「キャリア自己選択力」を多くの社員が身につければ、会社はよくなります。逆を考えれば、わかりやすいでしょう。その会社でしか通用しない人材ばかりの集団だとしたら、会社はどうなるでしょうか。変化の激しい時代には対応できない。採用難易度が高まった現在では、社員のＣＳＡを高める術を持つことは非常に重要です。採用はもちろん大事ですが、採用だけに頼ってはいけない。今いる社員のレベルをどう高めていくか。これからの時代、経営者に求められる力となるでしょう。社員の力を伸ばす会社であれば、売り手市場でも選ばれる会社になります。採用力も高まるのです。

経営者の方にこのことをお話しすると、往々にして異論が出ます。

「キャリア自己選択力などと言ってもらったら困る。社員が力をつけて出て行ってしまうじゃないか」

これに対する私の反論はこうです。

「そういう優秀人材をどうやって社外に出さないか。それが経営者の腕ではないですか？この緊張感を持ってください」

人が「会社のために働く」時代は終わりました。会社は終身雇用を保障する。社員は粉骨砕身、会社に尽くす。家族主義的な会社も悪くはありません。しかし、成長できない社員まで雇用を保障する余力が、ほとんどの会社でなくなりました。

人と会社は対等な関係にあります。会社はどこでも活躍できる人材になれるよう社員を支援する。社員はその力をもって会社に貢献する。社員も会社も豊かになる。これからの時代における、人と組織の理想の関係だと思います。

■根底にある「人間成長®」という理念

元々、エン・ジャパンの経営理念は「人間成長」というものでした。今でも大事にして

人間成長®

働くことを自らの成長のステージと捉え、
心技一体のプロとして、
心物両面で豊かになる

いる言葉です。人間成長とは、「働くことを自らの成長のステージと捉え、心技一体のプロとして、心物両面で豊かになる」ことです。

この言葉が生まれた背景には、仕事人間を否定する風潮への危機意識がありました。今の「働き方改革」の先触れとして、1980年代後半ごろから「時短」が取りざたされるようになりました。経済大国になった日本は「ジャパン・アズ・ナンバーワン」などと言われて、特にヨーロッパとアメリカから批判されました。そこから「働きすぎ」批判が沸騰し、時短の機運が高まっていきます。それに呼応するように、日本の大企業の多くは「時短＝人間尊重」のスローガンを謳いました。私たちが「人間成長」を掲げたのは、そこへのアンチテーゼだったのです。

バブル経済期、当時の松下電器産業（現パナソニック）は「ゆとり創造委員会」を社内に設けました。1日の労働時間を7時間45分に短縮。残業をなくしたり、有給休暇を入社1年目からいきなり20日間取れるように制度を変更しました。大企業の中で率先してゆとりを取り入れたのです。「物をつくる前に人をつくる会社」。そう言って人を育てることを重視していた創業者の松下幸之助さん。もし生きておられたら、導入しなかった制度ではないか。私はそのとき思っていました。

言うまでもなく、「人間尊重」は大事な考え方です。ただ、もっと大切なのは「人間成長」ではないか。その信念が当社の経営理念へとつながっていったのです。

リーダーがやるべきことは社員の「やりがいづくり」と「業績達成」の両立

社会の風潮はそこから変わりませんでした。図1のグラフを見ていただくとわかる通り、バブルが崩壊したにもかかわらず、日本企業の総労働時間はどんどん短縮されていったのです。低成長経済になり、グローバル化が進む中で、ハイテク産業などは韓国や台湾にキャッチアップされました。中国も経済成長を遂げました。ところが、後進に追い越されてもなお、「働き方改革」の名のもとに労働時間は減り続けています。

図2は2018年の国別一人あたり総労働時間の比較です。「働き方関連法」が大企業に向けて施行されたのは2019年4月。その前年の時点で、日本の総労働時間はOECD（経済協力開発機構）加盟国の中ですでに28位。決して働きすぎとは言えなかったのです。本当にそれでいいのか。私は危機感を抱いています。

図1　日本の1人あたり総労働時間

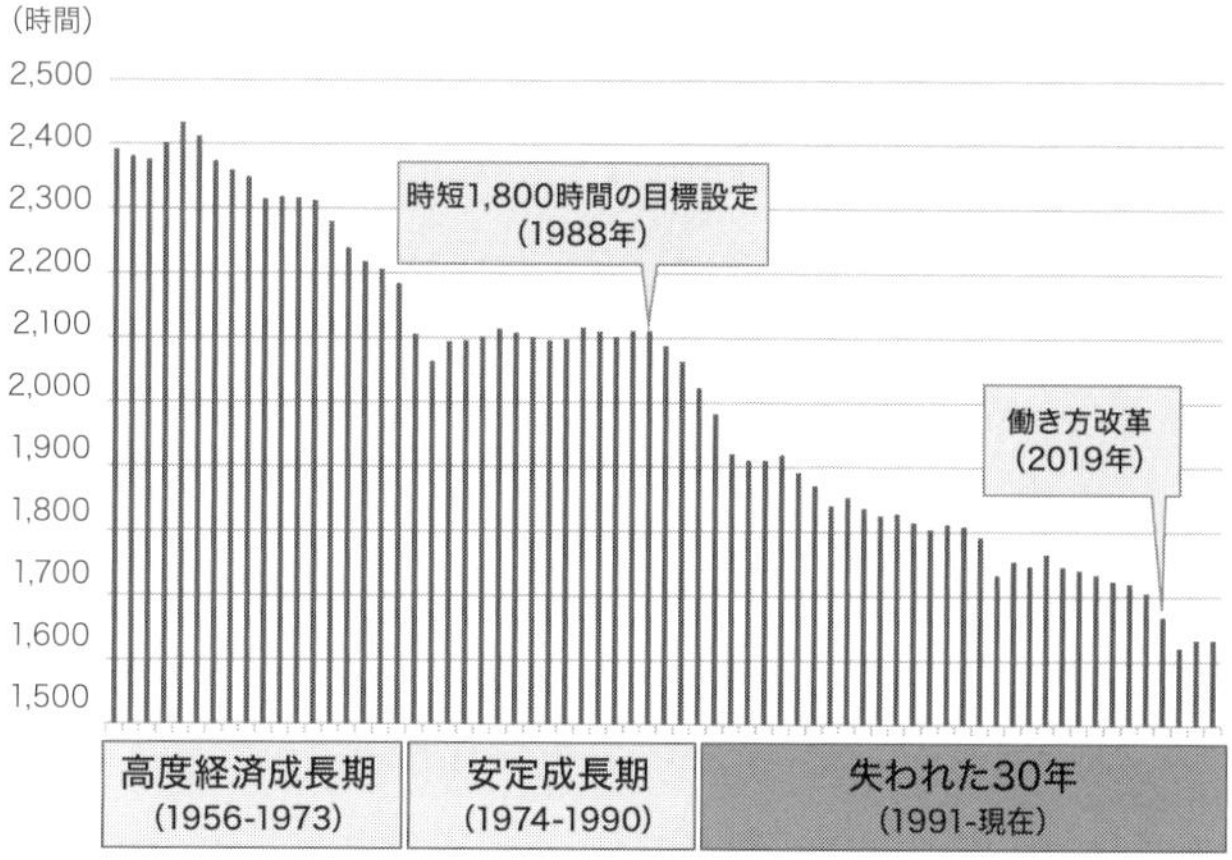

厚生労働省「毎月勤労統計調査」を基に著者作成

図2　国別1人あたり総労働時間（2018年）

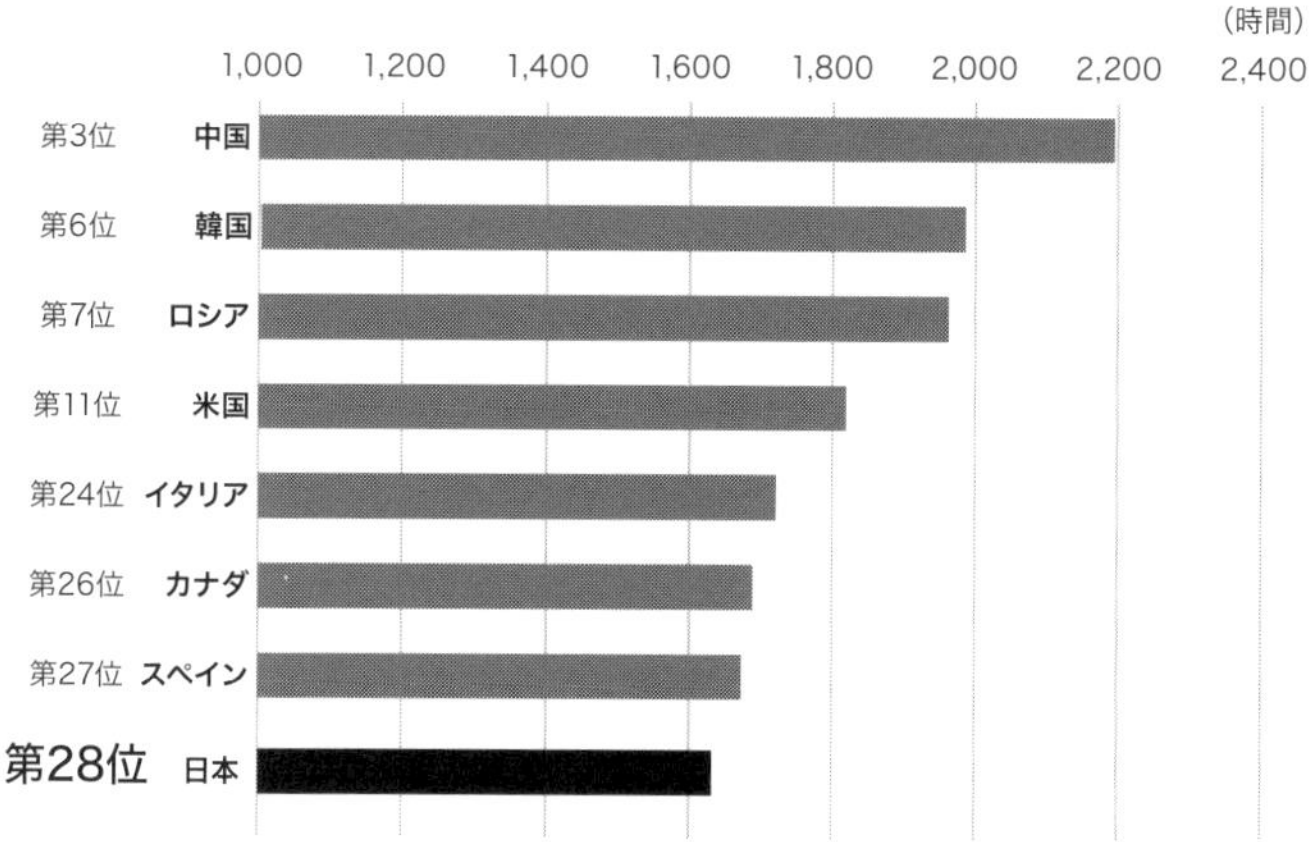

※中国は推定

OECD（経済協力開発機構）2018年のデータを基に著者作成

少しキツい言い方をあえてしますが、経営者やマネージャーのやるべきことは、優しさ競争ではありません。やるべきは、社員のやりがいづくりと業績達成を両立させることです。そのためには、部下にストレッチした目標を与えなければなりません。社員みんながマイペースで仕事をしていたら、どうなるでしょうか。達成感もなく、やりがいを感じられません。業績も上がっていきません。低成長の時代だからではなく、本質的な話です。当然、社員は目標を簡単には達成できません。ストレスもかかるでしょう。それでも、やる気を失わせないようにするのが経営者やマネージャーの腕の見せどころです。

「厳しいマネジメント」がいいのか。「優しいマネジメント」がいいのか。この議論は意味のないものだと思います。両方を使い分けてこそ経営者、そして上司である、と思うからです。

「無理をさせる」などと言うと、きっと優しさ重視派からは反発を受けるでしょう。ブラック企業のように理不尽なことを強いる、ということではありません。人が成長するためには「Work Hard（懸命に働く）」が必要だということです。この考え方も、創業のころから変わっていません。

１００の力を持つ社員が、１００の課題に取り組んだとしても、おそらく１００以上の力に伸びることはないでしょう。少し背伸びをした１２０にチャレンジする。それによって、力は１００以上になる。すなわち成長するのです。

「働くことを自らの成長のステージとする」。この考えに立てば、とにかく時短ばかり考える「働き方改革」が正しいとはとても思えません。ダラダラ仕事をするのは間違っています。しかし、自分の成長のためにもWork Hardが必要なのです。「働き方改革」には逆行する考え方かもしれません。それでも、私はこの考えを変えるつもりはありません。

「働くことを自らの成長のステージとする」という考え方の根底にある思想

「働くことを自らの成長のステージと捉えてWork Hardする」という考え方の背景には、日本独自の勤労観、鈴木正三や石田梅岩などの思想があります。

いわゆる「仕事道」や「商人道」と呼ばれるものです。こういう考え方の影響を受けて、日本の商人は地元住民に尽くしてきた、という歴史があります。

愛知県豊田市出身で徳川幕府の直参だった鈴木正三（1579～1655）は42歳で得度。武士も農民も職人も商人も、全員がそれぞれの役割を担っていて素晴らしい業だと言いました。これがまさしく「仕事道」です。士農工商という身分制度がある中で、すべての仕事に貴賤《きせん》はないことを説いています。「日本資本主義の開祖」。そう呼ばれているのは、この新しい労働観の確立によります。まさに先見の明と言えるでしょう。

図３　日本の仕事価値観に影響を与えた人物

鈴木 正三 (1579-1655)

仕事道……すべての職業は貴賤の
ない人格形成の場
（諸業則仏行）

・愛知県豊田市出身、徳川幕府直参の武士から禅僧へ
・「日本資本主義」の思想的開祖
・士農工商という身分制度がある中で、職業に貴賤はないことを示した

石田 梅岩 (1685-1744)

商人道……正直、勤勉、質素、倹約

・京都府亀岡市出身、呉服屋の丁稚奉公から思想家へ
・梅岩の思想は「石門心学」として体系化され、日本中に広まっていった
・江戸時代から続く老舗企業のほとんどが「石門心学」の影響を受けている

ちなみに、鈴木正三は「諸業則仏行」という言葉を残しています。私は仏教にこだわらない意味で「諸業則修行」と表現しています。正三は仏教の中でも宗派にとらわれない自由人であったので、この表現を許していただけると思います（笑）。

石田梅岩（1685〜1744）は、鈴木正三の影響も受けながら、商人に焦点を絞りました。京都府亀岡市出身で、呉服屋に11歳から丁稚《でっち》奉公に出ます。その後、紆余《うよ》曲折あり、苦労しながらも、番頭にまで出世しました。彼は仕事のみならず、合間を縫ってさまざまな学問を学び、独自の仕事哲学を編み出します。その思想は「石門心学」として体系化され、日本中に広まりました。現存の老舗企業のほとんどが、石田梅岩の考え方である「心学」の影響を受けているのではないでしょうか。

江戸時代中期以降、商業の発展とともに、商人の地位が上がっていきました。同時に「おまえたち守銭奴は地獄行きだ」という批判も受けるようになりました。商人たちは多いに悩みました。そのときの救いが「石門心学」だったのです。正直・勤勉・質素・倹約を奨励しました。

本業で社会的責任を果たすことがビジネスの持続的発展につながる。これが彼らの基本的な考え方です。近年も日本の労働観の原点として脚光を浴びています。

当社の「仕事を自らの成長のステージと捉える」という考え方も、これらの延長上にあります。日本的な仕事価値観に由来しています。私はこのような考え方を大事にしながら自社の経営を続けてきました。その過程で構築していった概念がCSAです。

「はじめに」でも触れましたが、「CSA」は京セラ創業者の稲盛和夫さんの考えもヒントになっています。稲盛さんは「考え方×熱意×能力」で仕事の成果は上がり、人として成功する、と言われました。私が考えるCSAは、「考え方×能力×環境」から成ります。

環境とは「働く環境」です。「働く環境は、良くも悪くも人の成長に大きな影響を与える」という意味です。昨今目につく「ゆるブラック」のような企業に入ってしまったら、

図4　CSAを身につけるための方程式

考え方 7 **10点**	×	能力 20 **5点**	×	環境 4 **2点**	＝**100点**
・自己変革性 ・目標必達性 ・多様受容性 ・周辺変革性 ・主観正義性 ・自発利他性 ・Enjoy-Thinking		・対人関係力（5つ） ・発想力（4つ） ・論理力（4つ） ・組織貢献力（7つ）		・社内外に適度な競争があり、成長基調で活気がある ・20代から、チャレンジングで困難な非定型業務を求められる ・性別、国籍、学歴、在籍年数に関係なく、実力で正当に評価される ・本業の商品・サービスで、自社独自の「主観正義性」を実感できる	

成長どころではありません。「ゆるブラック」とは、優しい労働環境のホワイト企業であるのに、やりがいや成長を感じられない職場のことを指します。

「考え方」「能力」「環境」から成る【CSAの方程式】（図4）。例えば100点満点で考えると、考え方は10点、能力は5点、環境は2点。10×5×2で100点です。この点数の付け方はあくまでイメージです。各社独自で点数配分を考えてください。稲盛さんが強調されている通り、考え方が最も大事です。

考え方が間違っていれば、能力がどんなに高く、素晴らしい環境にいたとしても、CSAの向上につながらないからです。

2点だからといって「環境」が大事でないわけではありません。環境がよくない組織にしてしまうと、社員の考え方・能力を高めるのに、余計な手間がかかってしまうのです。

この「考え方×能力×環境」のそれぞれについて、さらに下位概念があって社内で体系化しています。本書では、その全体像を示しながら、個別に解説していきたいと思います。

人の評価は一般的に能力と、それがもたらす成果によってなされます。考え方はあまり問われることがありません。環境についても、多くの企業では社員の成長の観点で捉えることはありません。この三要素をともに重視することは、「人間成長」を目指すCSAのユニークなところではないかと思います。

考え方を構成する3つの心とEnjoy-Thinking

考え方について、私は「心を強める」考え方（【自己変革性】【目標必達性】）、「心を広める」考え方（【多様受容性】【周辺変革性】）、「心を高める」考え方（【主観正義性】【自発利他性】）という3つにまとめ、さらに【Enjoy-Thinking】を加えています。

3つの考え方のうち、最も大事なのは「心を高める」です。人間性を高め、より社会に必要とされる存在になるための考え方と言えます。自分だけでなく、他者の幸せや社会の利益に配慮し、意識的に利他的な行動をとる。まだ社会的に問題とされていない事象であっても主観的に問題として捉え、自分なりの主義主張を発信する。こうした社会性の強い考え方を身につけることを「心を高める」と表現しています。

企業は利益を上げていかなければなりません。当然のことです。ただ、やみくもに利益を上げればいいというものではない。周りの人に役立つ存在になる。仕事を通じて世の中をよりよく変えていく。そのような考え方がなければ、ビジネスは持続性を失い、結局のところ経営は先細りになっていくに違いありません。

ピーター・ドラッカーは「部下たちは、無能、無知、頼りなさ、不作法などほとんどのことは許す。しかし真摯《しんし》さの欠如だけは許さない」と述べています。「真摯さに欠けるものは、いかに知識があり才気があり仕事ができようとも、組織を腐敗させる」と。ここで言う真摯さ（integrity）は「心を高める」にあたります。

それだけでは足りない、と私は考えました。「心を高める」前に、「心を強める」「心を広める」必要があります。

現状に満足することなく、常に向上心を持って自己の変革に挑む。チャレンジングな目標を掲げ、その達成に強くこだわる。これを「心を強める」と表現しています。「心を強める」がすべての土台になります。特に「Z世代」や「ゆとり教育世代」については、まずここからスタートしなければならないでしょう。

もう1つが、「心を広める」。いろいろな考え方を学び、取り入れていくことを指します。そのことなしに、創造性を高めることは難しいでしょう。既成概念に縛られず、多様な文化・思想・学説・理論などを積極的に受け入れる。自分だけでなく、所属組織や顧客の変革に積極的に取り組むことで、自分自身の力量を上げる。組織のパフォーマンスを向上させることになります。

「心を強める」「心を広める」「心を高める」の3つは、そう簡単に身につくものではありません。何度も来る壁を乗り越える必要があります。それを支えるもう1つの概念として考え、実践してきたのがEnjoy-Thinkingです。日々の仕事を意図的に面白くしたり、楽しむ工夫を忘れない、ということを意味しています。「楽しみながら苦難を乗り越える心」は大きな助けになります。

考え方	心を強める考え方	1　自己変革性
		2　目標必達性
	心を広める考え方	3　多様受容性
		4　周辺変革性
	心を高める考え方	5　主観正義性
		6　自発利他性
	7　Enjoy-Thinking	

ここまで考え方の概略を述べました。それぞれの細部については第2章で詳しく見ていくことにしましょう。

能力ではヒューマンスキルとコンセプチュアルスキルを細分化・独自化し4つの中分類に

ＣＳＡを構成する2つ目の要素である「能力」について説明します。この能力を自社の人材に身につけさせることは経営上とても大事なことです。

ハーバード大学教授のロバート・カッツは、マネージャー層の能力をテクニカルスキル（業務遂行能力）、ヒューマンスキル（対人関係能力）、コンセプチュアルスキル（概念化能力）の3つに整理しました。当社ではマネージャーのみならず、対象をすべてのビジネスパーソンに変更しています（図5）。カッツモデルが提唱されたアメリカの1950年代は、製造業が主体で、管理職以外は現場でのテクニカルスキルのみでよいとされていました。現代では、多くの仕事が複雑化・サービス化し、知識労働へとシフトしています。一般社員であっても、コンセプチュアルスキル、ヒューマンスキルが求められるようになったことが対象範囲を変更した理由です。

図５　カッツモデルとCSA「能力」の関係性

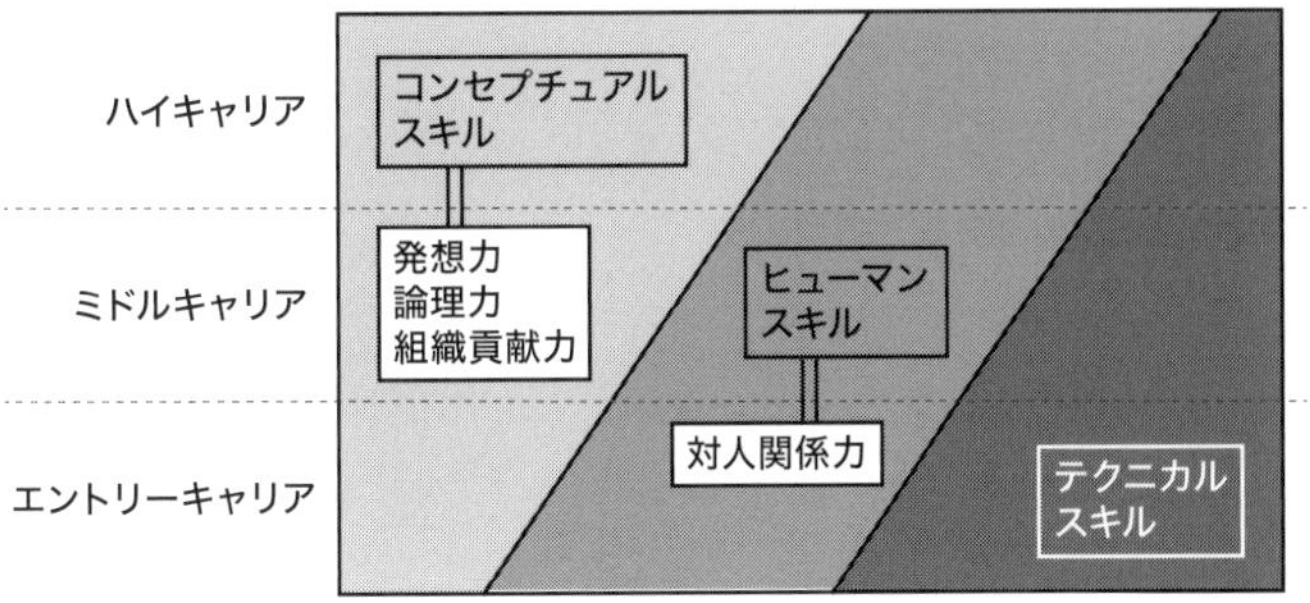

- コンセプチュアルスキル ＝ 概念化能力（発想力＆論理力＆組織貢献力）
  自分の仕事や組織の現状を分析し、物事の本質を捉え、課題を解決する能力

- ヒューマンスキル ＝ 対人関係力
  他者との良好な関係や刺激的な関係を構築・維持する能力

- テクニカルスキル ＝ 業務遂行能力（CSAの「能力」にはなし）

エン・ジャパン版カッツモデルでは、テクニカルスキルを除き、ヒューマンスキル、コンセプチュアルスキルの2つを細分化・独自化してまとめています。テクニカルスキルを除いたのは、業界や会社、あるいは職種によって必要とされる能力が違いすぎるからです。もちろん、AIスキル、DX化スキルなど新たなテクノロジーの台頭でテクニカルスキルが大切になっている。各社での強化の必要性は言うまでもありません。

どんな環境でも普遍的に活用できるヒューマンスキル、コンセプチュアルスキルを自社なりに定義し直し、次の4つのカテゴリーにまとめています。

【対人関係力】

人との関わりの中で必要になる能力。

感じのよさを演出する力。お互いの理解を深めるために「自分のキモチを率直に伝える力」と「相手の話を傾聴する力」。他者に気持ちよく協力してもらう力。相手のために耳の痛いことまで指摘・進言する力などで構成されます。

【発想力】

さまざまなアイデア（仮説）を「思いつく」ための能力。拡散思考とも表現します。

多様なジャンルに興味を持ち、発想のためのインプットをする。問題点を見つける。改善案を思いつく。新しいアイデアを生み出す。これからの時代、ますます重要になる能力と言えます。

【論理力】

アイデア（仮説）を形にしたり、具体的な商品やサービスに落とし込むために不可欠な能力。収束思考とも表現します。

問題分析したり、仮説を立てる力。さらに検証する力。自分のノウハウを他者にも使えるように一般化する力。相手が納得できるような形で説明ができる論理的な表現力。この4つで構成されます。

【組織貢献力】

企業の組織と事業運営に貢献するために欠かせない能力。

現場情報の報告などで、経営層の意志決定を支援する力。よりよい企業理念の改善案を出し、浸透させていく力。部下の性格・能力を把握した上で適切なマネジメントを行う力。組織におけるノウハウの標準化や仕組み化を行う力。組織の目標を達成するために、さまざまな経営資源を有効に使う力。新しい事業を創り、組織化する力。より経営に近い、総合的な能力と言えるでしょう。

これが「能力」の全体像です。細部については第3章で詳しく説明します。

能力	対人関係力	1 好感演出力
		2 キモチ伝達力
		3 対人傾聴力
		4 他者活用力
		5 対人大善力
	発想力（拡散思考）	6 発想研磨力
		7 問題発見力
		8 改善アイデア発案力
		9 新規アイデア創案力
	論理力（収束思考）	10 問題分析力
		11 仮説検証力
		12 一般化力
		13 論理的表現力
	組織貢献力	14 意志決定支援力
		15 理念共創力
		16 理念伝導力
		17 人財マネジメント力
		18 組織標準化力
		19 組織目標推進力
		20 新規事業創出力

スピーディーな成長が促進され将来の可能性が広がる「環境」が大事

ここまで述べてきた「考え方」「能力」の向上を促進するのが職場環境です。

経営者は社員に考え方と能力を身につけさせるだけでなく、それを促すような職場にする必要があります。そのための風土・制度づくりをしなければいけません。

余談ですが、中途採用のとき、候補者の前職に、ここで紹介する4つの環境があったのかどうか確認することをお勧めします。4つの環境がない職場にいた人材の採用は慎重にしたほうがいいと思います。先ほどのCSAの方程式を思い出してほしい。環境が1点以下になると、CSAは低くなります。入社後に活躍してもらうことが難しくなるのです。

［社内外に適度な競争があり、成長基調で活気がある］環境

社員のCSA向上のためには、会社が「活気に溢《あふ》れていること」が重要です。活気を生み出すためのポイントは2つ。「社内外に適度な競争があること」と「会社が成長基調であること」です。社内外の適度な競争は、必然的に社員一人ひとりへの要望度を高め、知恵を絞らせます。高い壁に挑み、工夫を重ねることで、成長スピードが加速していく。会社の業績が成長基調であることも重要なポイントと言えます。挑戦のしがいがある仕事やポストが多く生まれるからです。

市場環境をコントロールすることは無論できませんが、刺激的で緊張感のある仕事環境は、経営者がマネジメントによって整備することができるはずです。

［20代から、チャレンジングで困難な非定型業務を求められる］環境

誰でも簡単にクリアできる仕事に取り組んでも、成長は望めません。経営者は社員に対し、20代の若いうちから、実力以上の仕事に挑む機会を提供する必要があります。脳に汗をかくような、創造性が必要な仕事を任せてみることが重要です。企業規模が大きいと「重要な仕事を任されるのは早くて30代後半」という職場も少なくありません。「鉄は熱いうちに打て」です。

部下に対する要望度が高い上司がいることもポイントです。管理職が、部下に気に入られるために要望度を下げている環境は望ましくありません。身の丈以上の仕事にも挑戦させてくれる上司がいれば、間違いなく成長のスピードが上がります。

［性別、国籍、学歴、在籍年数に関係なく、実力で正当に評価される］環境

差別がなく、正当に実力で評価される会社であること。社員がどんなに意欲があっても、仕事の成果以外の理由で不当な評価を受ける環境では、モチベーションを維持することはできません。新しい仕事に挑むチャンスを得ることも難しいでしょう。

例えば、仕事ぶりに関係なく、上位校出身ならほぼ確実に課長まで昇進できる学歴主義。

年齢や在籍年数で役職や給与が決まったり、30代まで評価にほぼ差がつかない年功序列。性別や国籍によって評価の偏りがある。このような制度や慣行、あるいは風土のある会社はCSA経営を実践することは極めて困難です。

［本業の商品・サービスで自社独自の「主観正義性」を実感できる］環境

主観正義性とは、前に説明した「心を高める」の中の概念。社会的にはまだ問題視されていない事柄を主観的に課題と捉え、自社なりの正義を主張することを指します。CSAにとって、最も重要な概念の1つです。本業での主観正義性を持つ企業で働くと「世の中のためになる仕事ができている」と実感しやすくなります。

主観正義性は、競合他社との差別化と、持続可能な成長につながる要素でもあります。このような姿勢のない企業は、他社との明確な違いが打ち出せず、横並びにならざるを得ません。価格競争に巻き込まれ、淘汰《とうた》される危険にさらされます。

環境	1	社内外に適度な競争があり、 成長基調で活気がある
	2	20代から、チャレンジングで 困難な非定型業務を求められる
	3	性別、国籍、学歴、在籍年数に関係なく、 実力で正当に評価される
	4	本業の商品・サービスで自社独自の 「主観正義性」を実感できる

以上からキーになる要素を抽出すると、次のようになります。

社内外からの適度なプレッシャーと社内の活気を感じられる。今の自分の実力よりも難易度の高い仕事を任される。成果が正当に評価される。自分の家族や親友にも薦められる商品・サービスを扱うことができる。社会性の高さに誇りが持てる。

こうした環境があると、ＣＳＡを高めやすくなります。

ここまでＣＳＡを構成する「考え方×能力×環境」の三要素を概観してきました。昨今言われる人的資本経営というテーマ。ＣＳＡ経営がシンプルな回答だと思います。「たとえ、いかなる状況や環境に置かれても、どこでも通用する人材」に社員を育成する。これがその答えであるはずです。

ＣＳＡ経営は、「言語化された経営」とも言えるかもしれません。「考え方×能力×環境」の概念を具体的に言語化し、組織全体でそれを磨き上げ、共有してきたのがエン・ジャパンの歴史でもあります。「あうんの呼吸」。「以心伝心」。「俺の背中を見ろ」。これで終わらせず、「仕事の進め方や考え方」をとことん言語化してきました。

振り返ると、原点はエン・ジャパンの前身である日本ブレーンセンターを一人で立ち上げたときにあります。思い通りの人材がまったく集まらなかったのです。優秀な人材がいないからこそ、私が仕事を進める上での原理原則を言葉にして共有する必要がありました。逆に言うと、それがあるから業務の標準化が進み、誰でも成果が出せる仕組みができあがっていったのです。

2022年4月に私は鈴木孝二社長へ経営のバトンを渡しました。共通言語があるから、伝承が可能になり、スムーズなバトンタッチにつながっていったと思います。

アメリカから直輸入されたマネジメントのさまざまな手法は、時代の変化の中で次々に陳腐化しています。低成長経済にもかかわらず広がった「働き方改革」は、「たとえ、いかなる状況や環境に置かれても、どこでも活躍できる人材」を生み出すことはありません。逆に作用しているのではないかと思います。

モノマネではないオリジナルの経営こそが、会社を成長させます。エン・ジャパンで実践を続けてきたCSA経営は、業種や企業規模を問わず適用が可能な、普遍的な手法だと信じています。

第2章

社員と経営者を飛躍させる7つの「考え方」

考え方	心を強める考え方	1　自己変革性
		2　目標必達性
	心を広める考え方	3　多様受容性
		4　周辺変革性
	心を高める考え方	5　主観正義性
		6　自発利他性
	7　Enjoy-Thinking	

Introduction

本章では、ＣＳＡの中でも最も大切な「考え方」について説明します。私は考え方を4つに整理しています。「心を強める」「心を広める」「心を高める」考え方と、それを支えるEnjoy-Thinkingです。

ＣＳＡは社員をどこでも活躍できる人材に成長させるだけでなく、経営者自らを成長させる指針でもあります。私もＣＳＡを常に自問しながら経営をしてきました。本章では、それぞれの考え方について2つの側面から見ていくことにします。1つは「経営者はどう考えるべきか」。もう1つは「(それぞれの考え方について) エン・ジャパンは社員に何を求めてきたか」です。2つ目の観点は、みなさんの会社に置き換えながら読んでいただきたい項目です。「考え方」をどう社員に身につけてもらうのか。ヒントになればと思っています。

「心を強める」考え方——自己変革性、目標必達性

考え方	心を強める考え方	1　自己変革性
		2　目標必達性
	心を広める考え方	3　多様受容性
		4　周辺変革性
	心を高める考え方	5　主観正義性
		6　自発利他性
	7　Enjoy-Thinking	

「心を強める」考え方は「自己変革性」と「目標必達性」で構成されています。「心を広める」「心を高める」を実践するには、まず土台となる心の活力が大切です。現状に満足することなく、常に向上心を持って自己の変革に挑む。チャレンジングな目標を掲げ、その達

成に強くこだわる。これを「心を強める」と表現しています。ビジネスは厳しい競争の世界。優れた成果を出すには、強い心が不可欠です。これがなければ、何も成し遂げることはできません。

1　自己変革性

【基本定義】

自己の現状に満足せず、学習や研鑽《けんさん》に努め、自分自身の改善、革新に挑戦している

経営者は常に現状に満足することなく、自分自身を変革していくことが求められます。私自身にも言い聞かせてきたことです。今でも自分の現状に満足していません。経営者である以上、満足したらそこでおしまいだと考えています。

振り返ると、絶えず自己変革をしてきました。常に自分に負荷をかけることで、自身を成長させてきました。サラリーマン時代は電車通勤時間の20分で日本経済新聞、日経産業新聞、日経流通新聞（現・日経ＭＪ）の３紙を毎朝チェックすることを課題にしていました。最初は高いハードルでしたが、続けるうちに速読ができるようになりました。上場してからは、どんなに忙しくても毎朝５～８時の間に社員の日報をすべてチェックすることを自分に課しました。最大で６００名（当時社員数１１３８名）の社員の日報をすべてチェックし、経営方針や競合対策を毎朝考える。変化の激しいネットビジネスではトップの即断即決が求められました。新鮮な現場情報からスピーディーに意志決定することが非常に大切。何度も挫折しそうになりましたが、やり続けました。

会長になってからも、自己変革は続きます。オンライン経営塾（社内幹部・幹部候補向け）の「越智塾」を開設。毎週10件ほど社員から上がってくる報告・相談・提案に対して、通常業務の傍ら、直接返事をしていました。幹部候補の育成のために、その返信は塾生全員（最大５００名）に公開することが基本です。部下マネジメントについての相談。商品・サービスの課題と方向性についての報告。経営理念についての改善提案など。テーマは多岐にわたり、内容も濃い。返信にはかなりのパワーを要します。ときには1通の返信に数時間かかることもあります。わからないことは書籍やインターネットなどでチェックし、思索する時間が増えました。気づくと、休日のすべてを費やしていたことも。その分、自身のインプットも飛躍的に増えていきました。２０１０年に始めてから２０２２年3月まで、ほぼ毎日欠かさず行いました。決して自慢をしたいのではありません。自己変革が必須である経営者のスタンスとしては当然のことだと思います。

社長自らが努力するのをやめてしまう企業が少なくありません。会社を立ち上げ、社員が徐々に増え、事業がうまくいきだした途端に自己変革をやめてしまう。「人を育てるため」と言い訳して、ナンバー2に経営を任せてしまうトップもいます。変化の激しい社会。気を抜いてはいけません。「任せて任さず」です。社長は現場の状況を細かく把握し、アイデアを出すために思索し続ける必要があります。今好調だから、この先もこのままうまくいくと信じ込む。自己変革を怠ってしまうことが失敗のもとなのです。

自己変革ができなくなったら、経営者は引退するべきではないでしょうか。

【エン・ジャパンは社員に何を求めてきたか】

特に20代、30代の社員には自己変革することを強く求めてきました。「強みを伸ばす」ことも大切ですが、若いうちは「弱みの克服」をしたほうがよい。CSA獲得の鉄則です。若いうちであれば、柔軟性も吸収力もある。「強み」だけにフォーカスをするのは40代以降でいい。今ある「強み」だけで勝負をしていたら、どうしても限界が出てきてしまう。どこでも活躍できる一流のビジネスパーソンを目指すのであれば、なおさら「弱みの克服」が必須です。

逆に40代以降は、それまで培ってきた「強み」を見てあげよう、と伝えています。「強み」や専門性にフォーカスし、その人をどう活かすかを考える。経営者として重要です。

新卒入社したばかりの社員は、学生から社会人になった瞬間に生活スタイルがガラリと変わります。朝早く起きなければならないし、慣れない仕事で目の回るような思いをします。クライアントや上司から難しい要望も受けます。厳しいプロの世界です。どうしても自分を変革していかなければなりません。ビジネス社会で働くことそのものが、心を強くすることになるのです。

社会人になるというのは、「お金をもらう」立場になるということです。競争にさらされる立場でもあります。競合他社との競争。社内での競争も避けられません。ライバルの存在を意識せざるを得なくなります。学生時代にはほとんどなかった経験でしょう。

運動部などで「試合に勝たなければならない」ということはあったかもしれません。ただ、それは仕事の世界のような責任を伴うものではありません。仕事というプロフェッショナルの世界だからこそ「自己変革性」が鍛えられていくのです。経営者の方にはこのことを意識していただき、社員と向き合ってもらいたいと思います。

Column 01

楽なことから逃げるという習性が「自己変革性」の根底にある

私自身はもともと「自己変革性」の志向が強い人間だと思います。

私は兵庫県芦屋市の恵まれた家庭に生まれました。6人兄弟の末っ子。父親が成功してから生まれているので、大きな家で育ちました。

芦屋や阪神間はとてもいい環境ではありますが、私には「ぬるま湯」のような環境でした。それが子ども心にとても嫌でした。

「こんなところにいたらあかん」

中学3年時に一念発起。親元を離れ、環境の異なる岡山県の高校に入学することを決意しました。結果、寮生活で鍛えられました。

大学を卒業して入ったのは、大手アパレルメーカー。私が入社したときはまさに花形企業でした。テレビコマーシャルはたくさん放映される。有名作家の山崎豊子さんがこの会社を題材にファッション業界のドラマをつくったほどです。とても人気がありました。

新卒で入ると、もう天国でした。なにしろ、仕事をあまりしなくていいし、男女関係は自由。先輩が仕事そっちのけで、しょっちゅう飲みに連れて行ってくれる。

しかし、やはり「こんなところにいたらあかん」と感じました。こんな楽なところにいたら俺はダメになる。そこで2年で辞めました。同期は誰も辞めませんでした。こんなに居心地がいい会社はないのですから、辞めることを不思議がられました。

考え方						
心を強める考え方		心を広める考え方		心を高める考え方		7 Enjoy-Thinking
1 自己変革性	2 目標必達性	3 多様受容性	4 周辺変革性	5 主観正義性	6 自発利他性	

こういうところが自分の取りえなんじゃないか、と思います。「楽なことから逃げる」という習性です。

この会社は、その後、苦境に陥るわけですが、かつての輝いていた同僚たちは、もうどこにも通用しない人間になっていた。この怖さを間近に見ました。

2　目標必達性

【基本定義】

常にチャレンジングな目標を掲げ、達成に強く執着している

目標必達性は、経営者にとっては、ごく当然のこと。どのように社員に植えつけるか、マネジメントとして何をするべきかが課題になります。

人は、成功体験を積まなければ自信が生まれません。特に、若いうちに目標必達の癖をつけさせることが社員のCSAを高める礎になります。若手社員がある程度の自信をつけるには、3年間、辞めずに続けることが必要だと私は考えています。「石の上にも3年」は今の時代には古いかもしれませんが、経験上、あながち間違ってはいないと思います。

1年目は仕事を覚える段階。ほめられることがありません。2年目にやっと仕事を覚える。人に迷惑をかけないようになる。3年目に周りから認められるようになる。クライアントからほめられる。このプロセスを経ないと、自信は生まれてきません。3年以内に辞めるということは、自信を持てないままに辞めることになります。結果として次の会社でも活躍ができず、転職を繰り返すことになる。その社員のキャリアに悪影響を与えてしまう。

目標の達成は成功体験としてその社員に刻まれます。積み重ねることで自信に変わる。3

年たつころには会社の貴重な戦力となっています。経営的な視点で考えても、早くから自己有能感・自己効力感を植えつけることは非常に重要なのです。

エン・ジャパンの前身の会社は、リクルートの求人広告代理店からスタートしました。大阪で7番目にできた後発の代理店です。販元であるリクルートが代理店に対して売上目標を設定。目標が下ろされてきます。他の代理店の経営者たちはその目標に対してなかなか承諾しませんでした。なぜか。達成しないとインセンティブをもらえないからです。私は「やりますよ」と言って、常に高い目標に挑戦しました。その目標を必達し続けた結果、10年で関西トップの代理店になりました。

「目標必達性」は、数字目標を達成するだけではありません。世の中で自分がどうありたいか、という視点も必要です。

「自分をこういうふうに変えていこう」。「自分は今こういう強みがある。この強みをもっと伸ばしていこう」。「こういう欠点は改善していこう」。そのような目標を掲げて達成するごとに自信がついてくる。強くなっていく。心を強めていくことになるのです。

【エン・ジャパンは社員に何を求めてきたか】

実力以上の挑戦的な目標を掲げよう。ずっと社員に言い続けてきました。経営者は要望性を高くすることが必要です。ここで妥協する経営者が多いように感じます。今は心理的安全性を確保しなければならない、という人事課題もあります。ハラスメントにならないようにノルマを与えない。主体性を尊重して要望をしない。このようなことが横行しています。「逃げ」に等しい行為だと私は思います。

とはいえ、上から高い目標を押しつけるだけでは人は育ちません。若手に自信をつけさせるには、上司が部下と伴走してあげることが大切です。いきなり年間目標や月間目標の話をするのではなく、最初は1日ごとの目標を達成できるように支援をしていくことが大切。小さな目標ですが、まずはそこにこだわらせる。自分の力でやり切らせる。そして、大げさにほめてあげる。こういった小さな成功体験の積み重ねが、自己効力感につながり自信となっていくのです。

自信がついてきたら、ストレッチした難易度の高い目標を与えていく。ただし、本人がやりたい、ワクワクするような目標を自ら立てさせることも重要です。それをクリアさせていくことで目標必達性は養われ、心が強くなっていくのです。

「心を広める」考え方――多様受容性、周辺変革性

考え方	心を強める考え方	1　自己変革性
		2　目標必達性
	心を広める考え方	3　多様受容性
		4　周辺変革性
	心を高める考え方	5　主観正義性
		6　自発利他性
	7　Enjoy-Thinking	

「心を広める」考え方は「多様受容性」と「周辺変革性」で構成されています。「心を広める」考え方というのは、いろいろな考え方を学び取り入れ、自分の周辺をよりよくしていくことを指します。創造性を高めるための必須要件だと考えています。既成概念や固定

考え方						
心を強める考え方		心を広める考え方		心を高める考え方		7 Enjoy-Thinking
1 自己変革性	2 目標必達性	3 多様受容性	4 周辺変革性	5 主観正義性	6 自発利他性	

観念に縛られず、多様な文化・思想・学説・理論などを積極的に受け入れる。自分だけでなく、顧客や所属業界の変革に積極的に取り組む。自分自身の力量を上げながら組織のパフォーマンスを向上させることになります。

3　多様受容性

【基本定義】
固定観念にとらわれず、他者の言動・価値観、さまざまな文化・思想・理論などに関心を持ち、柔軟に取り入れている

自分だけの考え方、視点だけにこだわらない。いろいろな人たちの考え方を取り入れ、学んでいく。そのような企業風土をつくるのは経営者の責任です。さまざまな考え方や観点を知っておかなければ、心が広くなりません。偏ったものの見方をしていると、正しい判断が下せません。戦後の経済成長期から、つい最近までは、アメリカ的な視点で成長を追えばよかったので、多様受容性などは必要ありませんでした。ところが今は、アメリカやヨーロッパ的な視点だけではなく、ロシアも、中国も、アラブ的な視点も必要です。地球視点で見ていかなければならない時代です。

私たちは、欧米中心の偏った考え方を脱し、日本人が以前から持っている本来の労働観をもう一度見直そうとしてきました。第1章で紹介した鈴木正三や石田梅岩などの思想。それは日本が誇るべき、世界に発信できる仕事価値観である、と伝えてきました。エン・ジャパンに入社を希望する学生にも、セミナーで日本の仕事価値観が大事であること、Work Hardは成長のために必要であることを話し続けてきました。それも、誰かのため、社会のためにWork Hardすることを勧めたのです。それに共感する人が、私たちを選んでくれました。今の鈴木社長の新卒採用セミナーは、ゆるブラックを避けたい学生から人気を博しています。

【エン・ジャパンは社員に何を求めてきたか】

定義の最初にある「固定観念にとらわれず」が非常に重要です。エン・ジャパンは「共創型理念経営」を標榜《ひょうぼう》しています。「共創型理念経営」とは、次のように定義しています。

明確な理念に基づく経営。ただし、その理念は皆で創る。絶対視せず、疑問があれば、投げかけ、ときには「変更・改善」に関与する。

理念として創業者の私や現社長が発信する考え方も絶対ではない、ということです。それが「共創型」の意味です。どんどん批判して、改善案を出してください。そう言い続け、評価基準の一端にもしています。

当社にタブーはありません。社員の固定観念や既成概念の打破の一端になっているようです。同時に、経営者自身を鍛えることにもなります。社員からの疑問や改善提案に応え、彼らを納得させる必要があるからです。

多様受容性の定義には、関心を持ち、取り入れていくものとして「他者の言動・価値観」

だけでなく、さまざまな「文化・思想・理論など」も入れています。ダイバーシティは人の言動や価値観に注目しますが、多様受容性におけるポイントは「文化・思想・理論など」の部分です。

リベラルアーツという言葉もあるように、ビジネスのみならず、哲学、芸術、歴史学、生物学など、さまざまな分野に触れて取り入れていくこと。多くのことから発想の源泉を得ることが今後のビジネスパーソンには求められていくでしょう。

当社には少し自慢できる慣習があります。社員の多くが長期休みの後に、本などから得た知識を自社に置き換えて、役員や部門長に提案するのです。読む本は当然、自分の仕事に役立つものですが、ジャンルは問いません。経営戦略や人事戦略のみならず、最新テクノロジー、哲学、思想など幅広い分野の内容を自社に置き換えています。私のところにもたくさんのメールが届きます。その中にはすぐに実行できるものや気づきを与えてくれるものもあり、何よりも私の「多様受容性」を伸ばしてくれます。

考え方						
心を強める考え方		心を広める考え方		心を高める考え方		7 Enjoy-Thinking
1 自己変革性	2 目標必達性	3 多様受容性	4 周辺変革性	5 主観正義性	6 自発利他性	

4　周辺変革性

【基本定義】
所属部門や会社全体、クライアントをはじめ関係する周辺の改善、革新に主体的に挑戦している

これも、経営者が自ら周辺変革をするというよりも、社員に周辺変革性の重要さを理解させ、実践させていくことが大事です。

自分を変えるだけでなく、周辺も変えていく。エン・ジャパンの重要な価値観で、CSAが身につくポイントであると考えています。自分以外のこと、チームメンバーや他部署のことにも関心を持てる人がキャパが広い人材とも言えます。

【エン・ジャパンは社員に何を求めてきたか】

まず身近な自分が所属するチームや部門、ひいては会社全体に対して、改善案や改革案を出すこと。クライアントに対しても、もっとよくなってもらうための提案をすることを求めています。

一般的には、他部署に対して意見を言うのは、許されないことでしょう。「よその人間が余計なことを言うな」と言われるのがオチです。エン・ジャパンは逆で、意見を言わないと評価されません。

周辺変革を実践するためには、課題を発見することが求められます。他者の立場に立って問題を捉える必要があります。批判ではなく、自分の意見として前向きな提案をします。

大事なポイントは、前に挙げた「多様受容性」とセットで考えること。多様受容性を発揮してインプット。取り入れたものをいかに周りに伝えて変えていくか。ここが要点です。

エン・ジャパンでは、新卒も中途採用者も、入社して4カ月目から「周辺変革性」の発揮を求められます。

新人が会社にものを申すのには勇気が要ります。それでも、やってもらいます。周辺変革性を発揮する人を認める、というのが会社のメッセージだからです。

「入社してたった4カ月目で、何がわかるのか?」という疑問を抱かれるかもしれません。短い期間であっても、気づくことがあるはずです。一見、稚拙な内容でもいいのです。

改善案は、仕事の進め方でも方針でも、経営理念に対してでもかまいません。「なんでこんなことをやるんですか?」。「おかしいじゃないですか。こんな無駄なことは必要ないじゃないですか」。エン・ジャパンが当たり前のようにやっていることに対して、どんどん意見をください、と伝えています。

当社では、マネジメントに関わらない「ハイプレーヤー」の人たちに対しても、周辺変革性を求めます。自分自身を変えることにだけ関心を持つのではなく、常に周囲に対して関心を持つ。「人間成長」の大切な部分です。

「心を高める」考え方——主観正義性、自発利他性

考え方	心を強める考え方	1 自己変革性
		2 目標必達性
	心を広める考え方	3 多様受容性
		4 周辺変革性
	心を高める考え方	5 主観正義性
		6 自発利他性
	7 Enjoy-Thinking	

「心を高める」考え方は「主観正義性」と「自発利他性」で構成されています。「心を強める」考え方、「心を広める」考え方を解説しました。いよいよ最も大事な「心を高める」考え方について述べていきます。端的に言えば、人間性を高め、より社会に必要とされる

存在になるための考え方です。いまだ社会的に問題とされていない事象であっても主観的に問題として捉え、自分なりの主義主張を発信する。自分だけでなく、他者の幸せや社会の利益に配慮し、意識的に利他的な行動をとる。こうした社会性の強い考え方を身につけることを「心を高める」と表現しています。

5 主観正義性

【基本定義】

いまだ社会的に疑問視されていない事象を主観的に問題と捉え、自分なりの主義主張を発信している

主観正義性は、ＣＳＡを支える考え方の中でも、とりわけ重要な概念です。私自身が、試行錯誤の上で辿り着いた概念であり、独自の表現なのです。

その真意をご理解いただくためには､語感の似ている「社会貢献性」「社会正義性」との違いを説明したほうがいいかもしれません。

社会貢献性は、どんな企業でも実現しようとしていることです。社会貢献性を考えない経営者は基本的にはいません。消費者の不便や不満､不安の解消です。「不をなくす」ことが、わかりやすい社会貢献性の現れだと言えます。

社会正義性は、誰もが守らなければならないもの。広く一般的に正義と認識されているものを指しています。例えば、ＳＤＧｓ（持続可能な開発目標）は国連で定めた17の世界共通の目標です。「貧困」や「飢餓」「気候変動」などについて世界全体で解決していこうとしています。

主観正義性は、基本定義にあるように、社会的にいまだ疑問視されていない事象を主観的に問題と捉え、自分なりの主義主張を発信することです。それが世の中で広く認められたときに、社会正義性に変わっていきます。

今のベンチャーやスタートアップを見ていて残念に思うことがあります。「この業界はおかしい」「これをぜひ変えていきたい」ということが事業を興す動機になっているケースが意外と少ないように感じるのです。「これは儲かる」という動機が多い。現状に対する疑問点がなく、儲かりそうな領域に出て行けば、そこには多くの参入者がいます。結局は、競争相手が増える。そして、価格競争に巻き込まれるのではないでしょうか。

経営者には、主観正義性の視点をぜひとも持ってもらいたい。まだ問題視されていない事象を察知し、事業によって解決していくことを考えてほしい。ニーズに応えるマーケティング発想だけではなく、ジャーナリスティックに社会や物事を見ていく、ということかもしれません。

【エン・ジャパンは社員に何を求めてきたか】

事業を興す。本来的には、多くが「主観正義性」に基づいていると私は考えます。自分が働いている業界の矛盾や不合理に気づき、改善したいという思いが起業へと駆り立てるのです。

ただ、多くの一般社員が主観正義性に則《のっと》って行動することは簡単ではありません。世の中でまだ問題だといわれていないことに目を向けるのですから。

現場で目標を課せられていると、どうしても「目先の利益」を追おうとします。ごく自然なことですが、主観正義性の観点から自分たちの仕事を捉え直すことが大切だと考えています。担当する業務を見直す。主観正義に反する要素があるのであれば、その業務を改善する。ときには、やめる勇気を持ってほしいと思います。

以下では、エン・ジャパンにおける現場での「主観正義性」の発揮をご紹介します。

2001年12月。エン・ジャパンが上場した年の末。「仕事を大切に、転職は慎重に。」というコピーを販促に使うようになりました。これは、私が考えたコピーです。

転職斡旋《あっせん》をビジネスにしているのですから、「転職は慎重に。」はマイナスに働きかねません。案の定、プロモーションを担当するスタッフからは猛反発。「越智さん、そんなコピーを使ったら求職者が来なくなりますよ」。面と向かって言う社員もいました。プロモーション部は転職したい人を集めることが仕事です。反対するのは当たり前。しばらく揉《も》めましたが、私は意見を曲げませんでした。

このフレーズは、自分たちが代理店側からサービスのつくり手側になったことで生まれました。上場をし、社会的な責任が大きくなる中で、「転職を煽《あお》ってまで利益を追求したくない」と考えるようになりました。サイトメーカーという立場になれば、当然、ユーザークライアント（求職者）のことも考えなくてはならない。求職者からはお金をもらっていないといえども。突き詰めて考えれば考えるほど、転職を煽ってまでこのビジネスをやるべきではない、という思いが強くなりました。このコピーは結果としてユーザーから好評を獲得。今は「転職は慎重に。」と凝縮され、当社の代表的なキャッチフレーズになっています。フルバージョンは「仕事を大切に、転職は慎重に。人材を大切に、採用は慎重に。」

なのです。

求職者へのスタンスのみならず、カンパニークライアント（求人企業）へのスタンスも変えました。企業の「本当の姿」を伝える方針にしたのです。それまでは、会社の「いいところ」だけを強調する求人広告を作成し、求職者にＰＲしていました。それだけではいけない、と考えました。「よいところだけでなく、そうでないところもしっかりと伝える」というスタンスへの転換です。いわば、「正直路線」というコンセプトです。

背景には、採用・転職サービス事業は転職者の入社後活躍こそが価値だ、という考え方がありました。「こんなはずじゃなかった」。いいことだけを書いていたら、入社してすぐに辞められてしまいます。求人を繰り返し、私たち業者が潤うだけです。私はその業界の慣行に対しておかしいと異議を唱えました。会社に人材を送り込むことが入社成功ではありません。採用した人材が入社後に活躍し、定着する。これが真の入社成功です。私はそのことを「入社成功＝入社＋入社後活躍」と言語化しました。

入社後活躍というのは、入社者の「会社業績への貢献」と「仕事人生の充実」を意味します。入社した人材が、会社業績への貢献を前提に、仕事人生を充実させてこそ、「入社後活躍」だと考えています。

一部の求人企業からは批判を浴びました。「求人広告費を出しているのはわれわれなのだから、うちのよいところを強調するのは当然ではないか」。離れていく求人企業も少なからずありました。それでも、私たちは「正直路線」で行くことを貫きました。

次第に、入社後活躍、定着率を上げるという考え方に共感していただける求人企業が増えていきました。本当の姿を伝えるという考えが信用を勝ち取っていったのです。

求人企業がいい人材、すなわち自社に合った人材を獲得する。そのために、求職者に「会社の本当の姿」を示す。これは業界の慣行とは違っていました。疑問視されていない事象を主観的に問題と捉え、正しいと信じる考え方を示した、ということです。

「正直路線」は、従来の仕事より手間がかかります。クライアントの要望を全面的に受け入れて、会社をよく見せるようなコピーをつくるのはある意味簡単です。

求人企業での仕事のやりがいのみならず、厳しさや会社の現実を聞く。求人広告で表現する。その会社に本当に合う人材を供給する。その手間が主観正義性と商品・サービスの一貫性を生むのです。

「理念と商品・サービスが一貫しているので、矛盾を感じることはありません。思い切りサービス開発ができます」とある社員は言ってくれました。主観正義性へのこだわりは社員の仕事への熱意にもよい影響をもたらすのです。

6 自発利他性

【基本定義】

利己と利他との葛藤の中で、他者の幸せや社会の利益を意識的に優先している

「人間は、利己と利他の間で葛藤する不思議な生物である」。これが、私の人間観です。

「自分の血のつながっている家族・親族だけが生き残ればいい」という利己性と「同じ人間同士でも、血のつながっていない赤の他人も助けよう」という利他性との葛藤は、人間以外の生物には基本、見られないものではないでしょうか。

イギリスの進化生物学者であるリチャード・ドーキンス博士が１９７６年に提唱した「利己的遺伝子」という概念。

「さまざまな生物に一見そのように見られる利他的な行動も、実は遺伝子の利己性によるもの。遺伝子の本質は自らの種族だけを生き残らせたい利己性である。例えば、働きバチは女王バチのために自己犠牲的献身をする。それは一見、利他的行動のようだが、形を変えて自分の血を残す利己性なのである」というのが博士の主張です。

こと人間に関しては、私はそう考えてはいません。人間は「利他性の遺伝子」を保有しているという考えです。2011年に放映された「NHKスペシャル　ヒューマン」というドキュメンタリーから大きなヒントをもらって考えたことです。考古学、人類学、動物学、脳科学、心理学などの最新成果をもとに、すべての人類に受け継がれている〝人間らしさ〟の秘密に迫った番組です。

親族以外も助ける、いわば「利他の遺伝子」が、人間の利他性の根源にあるという考えです。利他性を獲得し、人類同士が分かち合い、助け合えるようになった。その結果、ホモ・サピエンスが地球で最も繁栄できた。これが私に大きな影響を与えました。

人間も動物の一種ですので、元々は、種族保存の利己性（本能）しか持っていなかった。しかし、後天的に利他性が培われた。だからこそ、利己と利他で葛藤するのは当然です。その中で意図的に、自発的に利他を選ぼうというのが「自発利他性」です。

なお、利己的な遺伝子は一見、悪い印象を与えるが、そうではありません。最近の日本人は「生きる逞《たくま》しさ」という意味での利己的遺伝子が弱くなっているので、利己性も強化したほうがいいのではないか、と思っています（笑）。

【エン・ジャパンは社員に何を求めてきたか】

「自発利他性」は、考え方の中でも最も大事で難易度が高いものとして社員に伝えてきました。当社では幹部や重要な仕事を与える人の採用・登用の要件を以下のように定義しています。

幹部や重要な仕事を与える人の採用・登用には「活力」と「知力」だけではなく、「人間性」をチェックしなければならない。「活力」と「知力」がなければ論外だが、「人間性」

の低い自分勝手な人はいずれ組織に大きな害を与える。

　これは経営者の多くが社員に伝えていないことだと思います。経営トップの部下に対する最終評価が「自発利他性」の発揮。つまり、人間性だということを、ほとんどの社員は知らないのです。この大事なことを教えられないまま、自分勝手な人は、出世コースから外されたり、重要な仕事のアサインを見送られているのです。

　その背景にあるのは、人間性は変わらないという経営者の思い込みだと思います。私はそうは考えていません。人間性は後天的にでも高めていける。社員にこの大事なことをずっと伝え続けているのはそのためです。若いときはヤンチャでいいですし、野心満々の人間でかまいません。でも、損得だけで判断する人は、結局、仲間と組織を裏切ることになる。「損得」に加えて、「善悪」の判断もできる人間になってもらいたい。年齢とともに自発利他性を意識することが大切なのです。

若い社員にこの話をすると、自分とはかけ離れた崇高なものというイメージを持つようです。とてもすぐには実行できないと。当社では新人からでも発揮できる自発利他性として以下の3つを伝えています。

①文句を言う前に、周りに感謝して、他責にならない
②周りへの迷惑を少なくするために、早く仕事を覚える
③受けた恩はいずれ成果と後輩指導で返す決意をする

社会人になりたてのころは成果が出なくて当たり前です。向いてないんじゃないか。自分には無理なんじゃないか。そのように思うことも多い。うまくいかないことを他人や外部環境のせいにしてしまう気持ちもよくわかります。そんなときには、いつも支えてくれる上司や先輩、切磋琢磨《せっさたくま》している同期、熱心に対応してくれたカンパニークライアントの顔を思い出してほしいのです。周りに感謝して、自分ができることは何か、を考え行動する。これが自発利他性の一歩目です。

その気持ちが持てれば、次は一刻も早く一人前になること。周りへの負担をなくすことになり、上司や先輩への大きな自発利他性の発揮になります。

一人前になって終わりではありません。上司や先輩、同期、そしてカンパニークライアントから受けた恩を忘れてはいけません。上司や先輩にその恩を直接返すことは難しいかもしれません。その恩は、成果として返す。次に入ってくる後輩をサポートする形で返すのです。

この3つはそれほどハードルが高いことではありません。新人からできる「自発利他性」として意識してほしいと考えています。

Enjoy-Thinking ――「3つの心を支える」考え方

考え方	心を強める考え方	1 自己変革性
		2 目標必達性
	心を広める考え方	3 多様受容性
		4 周辺変革性
	心を高める考え方	5 主観正義性
		6 自発利他性
	7 Enjoy-Thinking	

「心を強める」考え方、「心を広める」考え方、「心を高める」考え方を身につけるのは簡単ではありません。3つを支えるものが必要になります。「Enjoy-Thinking」です。

7 Enjoy-Thinking

【基本定義】

仕事を前向きに捉え、面白くしたり、楽しむ工夫をしている

ここまで説明してきた3つの考え方は、一通りマスターして終わりというものではありません。「心を強める」から入り、「心を広める」を加えて、最終的には「心を高める」に到達する。いったん3つの心が揃《そろ》ったとしても、それで終わりではありません。「心を強める」「心を広める」「心を高める」が揃った状態は、何事もなく維持できるわけではないということです。

困難な道です。私もいまだに意識しています。心を高めていたはずが、気がつくと弱まっているかもしれません。経験を積み、年をとっていくと、体が弱ってくる。それに伴って、心が弱くなることもあるでしょう。狭い考えに陥ることもあるかもしれません。腹が立ったり、いらだちやすくなって「多様受容性」が少なくなる恐れもあります。実は、私もその傾向があります（笑）。人間ですから、常に気持ちは揺れ動くものです。何度も訪れる壁を乗り越えなければなりません。3つの考え方を維持することは簡単ではないのです。一生をかけてぐるぐる回すサイクルのようなイメージかもしれません。

この困難な道を進むためには、支える何かが必要であると考えました。そこで私が打ち出したのが「Enjoy-Thinking」という概念です。

仕事なのにEnjoyとはどういうことか。疑問に思われるかもしれません。幾度となく訪れる壁を乗り越えるために、仕事を前向きに捉えて、面白くしたり、楽しむ工夫をしたりすることが大事だということです。ポジティブシンキングとは違います。物事を前向きに捉えるだけではなく、仕事を意図的に面白くするのです。

【エン・ジャパンは社員に何を求めてきたか】

まだ会社の規模が小さかったころ、チームを分けて競わせることをよくやっていました。ちょうどそのとき、オフィスが入居しているビルの1階にフランス料理店がありました。業績で勝ったチームには、シェフに来てもらい、料理を振る舞いました。負けたチームは全員がコスプレをして給仕をする。このようなイベントをよくやっていました。

私も含めて、みんなで歯を食いしばって会社を成長させようというときには、あえてそのような Enjoy が必要だと考えたのです。仕事にゲーム性を持たせ、みんなで楽しむ。緊張感だけでは、3つの心を支えられなかったのではないかと思います。

エン・ジャパンでは、創業以来、コピーライターやデザイナーを大事にしてきました。30年近く前のこと。彼らと一緒に飲んでいたときに、あるアイデアを思いつきました。

「明日の朝、周りがびっくりするような格好で満員電車に乗る。そして、乗客の前でエリートビジネスマンのように日経新聞を読みながら出勤する人はいないか？」と提案したことがありました。「みんなびっくりすると思うけど、明日の朝礼で、誰が一番面白いか、手を挙げてもらって決める。1等には賞金1万円をあげよう」と。

すると翌日、3人がとんでもない格好で出社してきました。イラストで埋め尽くされた作業着を着てきた男性社員。パンクファッションに身を包んだ女性社員。当時流行していたアラレちゃんの格好で、どてら姿の女性社員。みんな、その格好で電車に乗り、日経新聞を広げて読んできたのです。朝礼は大いに盛り上がりました。

そのときは、アラレちゃんが1等になったのですが、こういうことを考えて、みんなで楽しんでいました。ワクワク、ドキドキ、ハラハラがキーワード。参加している全員に平等にチャンスがあることも大切です。

今でもEnjoy-Thinkingは、組織ごとにいろいろ工夫して実践しています。

コロナ禍では、バーチャルオフィスを使ったEnjoyがありました。1つの例ですが、当社の女性社員がオンライン上に「スナックさおり」をオープン。もちろん、本物のスナックではなく、バーチャルで雑談を楽しむ場です。社内外のアバターがそこを訪ね、彼女がママさんとして振る舞う。リアルであるかのように会話を楽しむ。

これは、特にカンパニークライアント（求人企業）から評判になりました。さおりママに会いたいお客さんが列をなしたのです（笑）。コロナ禍で人と人とのつながりが希薄になってしまいそうな逆境を逆に楽しみ、バーチャルオフィスを大いに活用しました。多くのメディアにも取り上げられました。

「心を強める」「心を広める」「心を高める」という困難な道を進むためには、このEnjoyの支えが有効だと思います。

第3章

社員と経営者のパフォーマンスを高め、経営を強くする20の「能力」

能力	対人関係力	1 好感演出力
		2 キモチ伝達力
		3 対人傾聴力
		4 他者活用力
		5 対人大善力
	発想力（拡散思考）	6 発想研磨力
		7 問題発見力
		8 改善アイデア発案力
		9 新規アイデア創案力
	論理力（収束思考）	10 問題分析力
		11 仮説検証力
		12 一般化力
		13 論理的表現力
	組織貢献力	14 意志決定支援力
		15 理念共創力
		16 理念伝導力
		17 人財マネジメント力
		18 組織標準化力
		19 組織目標推進力
		20 新規事業創出力

Introduction

ＣＳＡを構成する第2の要素が「能力」。エン・ジャパンは、どこでも活躍するために必要な能力を20個にまとめています。20の能力を大別すると「対人関係力」「発想力」「論理力」「組織貢献力」の４つのカテゴリーに分けることができます。本章ではそれぞれについて詳しく説明します。

前述の通り、私たちはＣＳＡ（＝どこでも活躍できる力）を向上させる3つの観点を「考え方×能力×環境」という方程式で整理しています。「心を強める」考え方、「心を広める」考え方、「心を高める」考え方とEnjoy-Thinkingについては前章で解説しました。本章では、考え方という土台の上に蓄えられる「能力」についてご説明しましょう。

ＣＳＡの「能力」は、一般的に言われる業種や職種が変わっても持ち運びができるポータブルスキルや、高業績を上げる社員の共通行動特性であるコンピテンシーと類似した概念と捉えてください。一見すると「なぜ、これが大事なのか？」と思われるものもあるでしょう。過去の高業績者の共通項だけでなく、これから来る未来に必要となる力（当社ではこれをフューチャーコンピテンシーと呼んでいます）も入っています。

以下では、それぞれの定義と合わせて、なぜ大事なのか、その能力を身につけるとどうなるのか、経営において何が有効になるのかも解説していきます。

［対人関係力］——人との関わりの中で必要になる能力

能力	対人関係力	1　好感演出力
		2　キモチ伝達力
		3　対人傾聴力
		4　他者活用力
		5　対人大善力
	発想力（拡散思考）	6　発想研磨力
		7　問題発見力
		8　改善アイデア発案力
		9　新規アイデア創案力
	論理力（収束思考）	10 問題分析力
		11 仮説検証力
		12 一般化力
		13 論理的表現力
	組織貢献力	14 意志決定支援力
		15 理念共創力
		16 理念伝導力
		17 人財マネジメント力
		18 組織標準化力
		19 組織目標推進力
		20 新規事業創出力

感じのよさを演出する力。お互いの理解を深めるために「自分のキモチを率直に伝える力」と「相手の話を傾聴する力」。他者に気持ちよく協力してもらう力。相手のために耳の

痛いことまで指摘・進言する力で構成されます。

1　好感演出力

【基本定義】

相手の受け取る〝感じのよさ〟を意識し、挨拶・笑顔・身だしなみ、コミュニケーションのとり方などを工夫している

相手によい印象を与えるための挨拶、笑顔、身だしなみなどを演出する力を指します。

あえて「演出」という言葉を使ったのは、意識して行うことが大事だからです。意識せずに心から笑顔になることが望ましいでしょう。ただ、自然な笑顔をつくるのが苦手なタイプもいます（日本人には多いはずです）。

意識的に行うこと、つまり演じることが必要です。決して悪いことではないと思っています。

エン・ジャパンでも、エンジニア系の職種などにはこれが苦手な人が少なくありません。「愛想が悪い」のではありません。仕事で必要なのはテクニカルスキル（業務遂行能力）がすべてだと思いがちなのです。同じような技術力があったとしても、挨拶ができる人、できない人、笑顔がある人、ない人では、どちらと一緒に仕事をしたいと思うでしょうか。答えは明らかだと思います。

私は創業期から「好感演出力」を重視し、社員に徹底してきました。

当時は求人広告の代理店でした。こちらからカンパニークライアント（求人企業）を訪問する仕事が中心。オフィスにクライアントが来る理由はないのですが、意図的に来てもらいました。営業以外のコピーライターや社内の事務スタッフなどに挨拶をさせるためです。「みんな、この人たちのおかげで食べていけるんだからね。それを忘れたらいけないよ」。必ず挨拶をさせることを続けました。好感を持たれるような挨拶ができなかった社員には、クライアントが帰られた後に注意もしました。これをずっとやり続けて、「エン・ジャパンは、誰でも感じのよい挨拶が自然にできますね」とほめられるまでになりました。

挨拶、笑顔、身だしなみは、手を抜くと一瞬でダメになります。続けていくためには、トップ自らが率先垂範し、言い続けることです。嫌われることを恐れずに言い続けることが大切です。でないと会社の風土になりません。この「風土になる」ということが大事なところです。

「演じることは決して悪いことではない」と述べました。これを「朝礼で大きな声で挨拶をさせる」というようには捉えないでください。適切なタイミングで自然な挨拶ができればよいのです。みんながその重要性と意義をきちんと理解し、実行する。それが習慣化し、ひいては会社の風土になる。そうなれば、1回1回意識しなくても、自然な振る舞いとしてできるようになります。ルールにして強要するわけではないのです。余談ですが、数多くの企業を見てきた証券会社の幹部の方が「上場企業の中でも、こんなに挨拶できる会社は珍しいですよ」と言ってくれました。素直にうれしいです。

ちなみに、社員に口うるさく言っているわりに、私は笑顔が苦手なのです（笑）。

2 キモチ伝達力

【基本定義】
相手に自分のことを理解してもらうために、相手の言動に対して感じた自分の喜びや悲しみを、能動的に、率直にそのまま伝えている（良し悪しではなく、できるだけ早く）

これはエン・ジャパンにしかない概念でしょう。社内では「キモチ伝達力」を略して「キモ伝」と呼んでおり、社内用語として定着しています。

このキモチ伝達力は対人関係力の5つの中で最も重要です。社員同士、立場の上下、社内外を問わず、お互いを理解し合うための万能薬だからです。日本人は、自分の気持ちを伝えることをよしとしてきませんでした。言いたいことを言わずに、空気を読むことが重視されます。キモ伝は、まるで子どものように、感じたままを伝える力です。「○○さんのあの言葉が悲しかった」。「あの行動がうれしかった」。このように率直に伝えるのです。受け取った側としては、相手のキモチには反論のしようがありません。相手がそう感じていることは厳然たる事実だからです。悲しいと言われたら、多くの人が自分の行動や発言を改善しようとします。だんだんと相手が何を悲しみ、何をうれしがるのかがわかってきます。繰り返すことで、相手を驚くほど理解することができ、良好な人間関係を築くことができるのです。

とはいえ、いきなり実行することは難しいと思います。そこで当社では、キモチ伝達力を発揮することをルール化し、恐れることなくキモチ伝達ができる時間「キモ伝タイム」を確保しています。その背景や手順については以下の通りです。

キモ伝タイム（キモチ伝達力を発揮する時間）

■キモ伝タイムとは

チーム内の関係性をよくすることが目的。チームメンバー内で自分が感じた「うれしい」と「悲しい」をそのまま率直にお互いに伝えてよい時間をルールとして設けること。

■具体的な実施方法

〈ポイント〉

- 喜怒哀楽のうち、怒りを伝えると、軋轢《あつれき》や遺恨につながりやすいため、「うれしいと悲しい」に絞って用いること。
- 互いに反論しないこと。（うれしく思っている、悲しく思っている）相手の気持ちをそのまま受け止めること。理由はどうであれ、相手の気持ちを事実として容認する。そうすると、相手をどのようにしたら喜ばせられるか、悲しませないようにするかを考えるようになる。

● 上司は控えめに。上司から先に発信すると、部下は萎縮してしまう。部下のキモチ伝達力を引き出すよう心がける。部下からキモチを受け取った際には反論はせずに、キモチを伝えてくれたことに感謝のキモチを伝える。

①発揮タイムの取り決め

いつ「発揮タイム」を行うかをチーム内で決める。チーム発足後すぐであれば週1回のペース、1カ月経過したのちは月に1回など（実際はチームの状態によって変える）。

②実践例

（上司から部下）
「今から、キモチ伝達力の発揮タイムです！　普段言えなかった自分のキモチを何でも率直に言い合いましょう」

（部下から上司）
「○○さん、実は2日前に言われた言葉で、悲しい気持ちになりました。上司の言うことだから受け止めるべきかもしれませんが、私は悲しくなってしまったのです」

（部下から上司）
「○○さんから1週間前にいただいた、あの言葉がうれしかったです！　実はあのとき落ち込んでいて、すごく救われました」

（上司から部下）

「△△さんがいつも笑顔でいてくれて、チームの雰囲気がよくなった。リーダーの私も評価が上がってうれしい！」


（上司から部下）

「あなたが個人目標を達成できなかったことで私のチーム目標が達成できなかった。それに対して怒りを感じてしまった自分が悲しい」（※特に上司は権威的な立場なので、怒りは避けたほうがいい。この例のように自分へベクトルを向ける）

（同僚同士）

「私がクライアントの課題に悩んでいるときに、○○さんが声をかけてくれて、とてもうれしかった！　あのアドバイスが課題解決につながった」


（同僚同士）

「○○さんが、プロジェクトのミーティングに遅刻してきて、何も言わずに席に着いたことが悲しかった。クライアント対応で忙しかったのはわかるんだけど」

■ルール化による人間関係発展の流れ

キモチ伝達力のルール化によって、チームの人間関係は次のように変化していきます。

「アキラメ・対立⬇意図的な伝達⬇ショック・葛藤・喜び⬇相互理解・受容⬇協働」

意図的にキモチ伝達を行うことで、お互いにショックや葛藤、喜びのある状況になります。どういうコミュニケーションをとれば、相手が悲しみ、喜ぶかがわかるようになります。キモ伝タイムを繰り返していると、取り決めをしなくても、自然とできるようになっていきます。そして、強固な協力関係を築くことになるのです。

ヒントになったのは、行動科学の理論でした。お互いに何でも思ったことをフィードバックし合いましょう、ということを行動科学では重視します。「Here and Now」という概念があります。今ここで感じたときに相手にできるだけ早めに伝えよう、ということです。人間関係をよくするために、本音のフィードバック、それも悲しみ、喜びのキモチをそのまま伝えることが有効だと私は考えたのです。

キモチ伝達のいいところは、傷つけ合わずに人間関係が非常によくなることです。相手はいったい何を考えているのだろう、と疑心暗鬼になることもなくなります。

このような率直な対話を苦手に感じる人が多いのではないかと思いますが、慣れてくれば、自然とできるようになっていきます。

社内では決められたキモ伝タイム以外でも「〇〇さん、キモ伝をさせてもらっていいですか」と会話が始まることがよくあります。キモ伝が会社の風土になっているからです。

かつては、喜怒哀楽の「怒」についても伝えることにしていました。みんなに実践してもらって、その効果について仮説検証しました。結果として、「怒」を伝えることはよくないと気づきました。遠慮のない話し合いをしてもらいたいのですが、相手に対する怒りをぶつけても、感情的になってしまうだけです。本意ではないので、ハッキリと喜びと悲しみに絞ろうと修正しました。

経営者の方は特に幹部社員とキモ伝をやっていただきたいと思っています。経営者自身が幹部と飲食を共にするのもいいですが、しらふで、日常的にキモチが言える関係をつくれれば、経営陣の一枚岩は強固になると思います。ちなみに、家庭内で伴侶や子供たちと行うこともお勧めです。家庭での良好な人間関係は仕事にもプラスに働きます（笑）。

3 対人傾聴力

【基本定義】

相手を理解するために、受容的・共感的な態度で、相手の話に積極的に耳を傾けている

対人関係力				
1 好感演出力	2 キモチ伝達力	3 対人傾聴力	4 他者活用力	5 対人大善力

「キモチ伝達力」とセットになる能力です。相手の話をしっかり聞くこと。いわゆるアクティブリスニングです。キモチ伝達力は「お互いの発言や態度に感じた喜びや悲しみを伝え合う」ことですが、それだけでは相手の現状や考えていることを十分に理解することはできません。積極的に問いかけ、相手の話に耳を傾けることが重要になります。キモチ伝達力とともに傾聴力が大事なのは、このためです。

4　他者活用力

【基本定義】
社内外の組織や個人に、気持ちよく協力してもらえるよう働きかけ、結果と感謝を伝えている

組織の中での仕事は、いろいろな人に協力してもらうことで成り立ちます。そこで、対人関係力の中に、あえてこれを入れました。

相手に気持ちよく協力してもらう。依頼をしたとき、その結果がどうなったのかを報告し、感謝を伝えることが大切です。そこまでの対応を含めて他者活用力です。対人関係ではとても大切なことです。

活用というと、自分中心のニュアンスに取られるかもしれませんが、そうではありません。相手へのリスペクトを持って、気持ちよく協力してもらえる関係を築くにはどうしたらいいのか。考えて実行することが他者活用力です。だからこそ対人関係力の項目に置いています。

他者活用力は、社外の方々と仕事をする上でも、社員の支えになります。依頼する側の考え方や態度、姿勢によって、相手の「熱」が変わるからです。よく外部協力者のことを「業者」などと呼ぶことがありますが、エン・ジャパンでは「パートナー」と呼んで、必ず結果と感謝を伝えます。

「業者」と呼んで結果と感謝を伝えない。「パートナー」と呼んで結果と感謝を伝える。どちらが社外協力者の気持ちに響くでしょうか。おそらく仕事のクオリティにも違いが出るはずです。

他者活用力は、誰にも相談できずに仕事を抱え込んでしまいがちな若手社員にも有効です。「他者活用力をちゃんと発揮しよう」とアドバイスされただけで、とても気持ちが楽になった、という例をしばしば聞きます。

中途採用で入ってきたばかりの社員も同じです。「こんなことを聞いてもいいのだろうか」と迷ったとき、周囲の誰かが「もっと遠慮なく他者活用力を発揮したらいいんだよ」と声をかけるのです。

実は、他者活用力を対人関係力からカットしようかと思ったことがありました。対人関係の中でそれほど重要ではないように感じたからです。ところが、社員から「残してほしい」という意見が多数ありました。私が考える以上に、現場にとっては大事な概念だということです。

周囲の人を活用するということに抵抗を感じたり、苦手だと思う人は少なくないでしょう。それだけに「いつでも聞ける」という関係性をつくっておくことは非常に大事だと思います。経営者においては、風土にすることが重要です。組織の効率性を高めていけるからです。

5 対人大善力

【基本定義】
相手の成長や発展のために、そのときは嫌われても、軋轢を恐れず、率直に指摘や進言をしている（部下・同僚・上司・クライアントを問わず）

基になったのは仏教用語です。「小善は大悪に似たり、大善は非情に似たり」という言葉を京セラの稲盛和夫さんから教わりました。エン・ジャパンにも取り入れ、能力の1つとして言語化しました。

深い愛情を持っている人ほど、厳しい指摘・対応をする。周りからは一見、非情に見える。相手のことを本気で考えていない人は、目先では親切にしてくれるが、結局、相手のためにはならず、悪い結果になることもある、という意味です。

「対人大善力」は、対人関係力の要素としてとても重要だと考えています。率直に指摘や進言をする相手は、部下、同僚、上司、クライアントなど、あらゆる人々です。目先では嫌われるかもしれないけれど、相手のためになることであれば率直に指摘・進言するのです。

キモチ伝達力は子どものように相手にキモチをそのまま伝えることです。対人大善力は相手のことをじっくり冷静に考える。いわば大人のスタンスと言えるでしょう。相手に対する深い愛情を示すものです。

そのときは嫌われても、相手の将来を想って率直に指摘や進言をする。誰にでも簡単にできることではない。人間性のレベルを上げる必要がある。私は、管理職層にはこれができるようになってほしいと言い続けてきました。

マネージャーは、ときに部下に嫌われることにも耐え忍ばなければなりません。当社では正式な管理職であるマネージャーになる要件の1つとして、「戦力外警告・通告」ができることを定めています。あくまでも「警告」が先です。とはいえ、生半可な気持ちではできません。相手の仕事人生を本気で考えなければならない。

マネージャー以上の幹部社員に伝えているのは、会社の都合や目先の損得で部下の進退を判断しない、ということです。「今の役割を全うはできていないが、いないよりはマシ、あと数年いてくれたら助かる」というヨコシマな心を持ってはいけない。年齢がいくほど本人のチャンスが少なくなります。早めに転職をしたほうが本人にとって有利かもしれません。

縁があって集まってくれた仲間に対しては、自部門や自チームの都合だけではなく、仲間の将来を本気で考えてほしい。自部門の都合を抑えた上での判断だから、後ろめたさがない。もし自部門からの戦力外通告をすることで、自分のもとを離れたとしても、その後も縁を切る必要はありません。職場は一緒でなくても、仲間であることは変わりないのです。

クライアント（求人企業、求職者）に対しても、対人大善力を発揮することを求めています。第2章にも書いた通り、エン・ジャパンは入社後の活躍を世に訴えている会社です。入社後に活躍できる人材を採用するために、会社のいいことも悪いことも伝えましょうと勧めています。入社した後で、会社の本当の姿を知ってギャップを感じると、すぐに辞めてしまうかもしれません。それでは、クライアントのためになっているとは言えません。

社員には、「大切なクライアントだからこそ、ときには苦い薬を飲んでもらうことも必要。クライアントのことを本気で考えて向き合おう」と言っています。その結果、エン・ジャパンは多くの求人企業と求職者から信頼していただくことになりました。

＊　＊　＊

「対人関係力」は仕事する上での振る舞いの基本だと言えます。どこでも活躍できる力に欠かせないものです。

繰り返し行動することによって、自然な振る舞いになる。みんなが実行することで会社の風土になっていく、という点に着目していただきたいと思います。

第5章で詳しく説明しますが、エン・ジャパンでは「考え方」と「能力」のすべてを評価対象にしています。ただのスローガンのような言葉ではなく、仕事をする上で実行するべき行動原則としているのです。習慣化しているからこそ、自然な振る舞いになっているのです。強い経営をするために、私はとても重要な要素だと考えています。

「発想力」＋「論理力」で「創造力」をつくる

能力	対人関係力	1 好感演出力	
		2 キモチ伝達力	
		3 対人傾聴力	
		4 他者活用力	
		5 対人大善力	
	発想力（拡散思考）	6 発想研磨力	創造力
		7 問題発見力	
		8 改善アイデア発案力	
		9 新規アイデア創案力	
	論理力（収束思考）	10 問題分析力	
		11 仮説検証力	
		12 一般化力	
		13 論理的表現力	
	組織貢献力	14 意志決定支援力	
		15 理念共創力	
		16 理念伝導力	
		17 人財マネジメント力	
		18 組織標準化力	
		19 組織目標推進力	
		20 新規事業創出力	

対人関係力にカテゴライズされる5つの能力を見てきました。次は「発想力」と「論理

力」について解説していきたいと思います。

どんなビジネスにも「創造力」が必要です。「創造力」とは何でしょうか。当社では「創造力＝発想力（拡散思考）＋論理力（収束思考）」と定義をしています。一般的に、「創造力」は発想力を示すことが多いです。芸術の世界とは違い、ビジネスの世界では単なるアイデアで終わらせるわけにはいきません。アイデアは、拡散するだけではなく収束して形にすること、そして、利益につなげることが大切です。

「発想力」は右脳を使い、「論理力」は左脳を使うイメージです。創造力は、この右脳と左脳を行ったり来たりすることによって駆動し、豊かなアウトプットにつながります。この2つはどちらも同じように重要ですし、ともに磨いていく必要があるのです。

発想力は、さまざまなアイデア（仮説）を「思いつく」ための能力。拡散思考とも表現します。多様なジャンルに興味を持ち、発想のためのインプットを平素から心がける。問題点を見つける。思いつく改善案。新しいアイデアがひらめく。これからの時代、ますま

図6　創造力＝発想力＋論理力

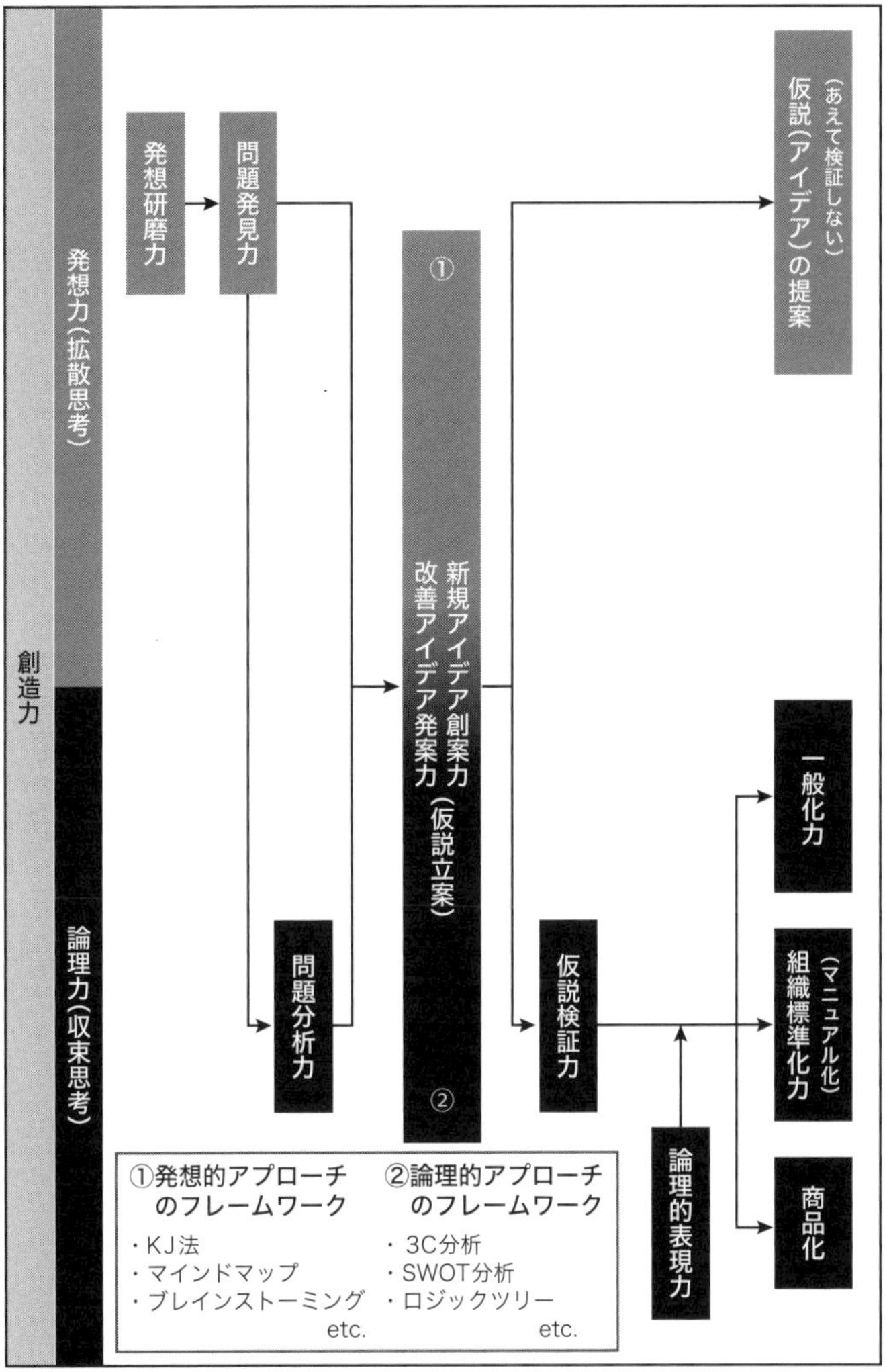

す重要になる能力です。

論理力はアイデア（仮説）を形にしたり、具体的な商品やサービスに落とし込むために不可欠な能力。収束思考とも表現します。問題を分析する力。立てたアイデア（仮説）が正しいかどうか検証する力。自分のノウハウを他者にも使えるように一般化する力。相手が納得できるような形で説明ができる論理的な表現力の４つで構成されます。

創造力はどのように発揮されていくのでしょうか。発想力のカテゴリーの４つの能力。論理力のカテゴリーの４つの能力。それぞれがどのように発揮されて、新しいものが生み出されるのか。図６はそのプロセスを示しています。

ここからは、まず発想力と論理力のカテゴリーに所属するそれぞれの能力を解説します。その後、再びこの図に戻り、創造力発揮のプロセスについて説明したいと思います。

発想力			
6 発想研磨力	7 問題発見力	8 改善アイデア発案力	9 新規アイデア創案力

［発想力］——さまざまなアイデア（仮説）を「思いつく」ための能力

6 発想研磨力

【基本定義】

多様な分野・事象・最新テクノロジーに対して意識的に興味・関心を持ち、インプットを行い、自社・クライアントの仕事に置き換えてアイデアを意図的に多発している（なるほど、これ面白い！　ヒントを得た！）

発想力がある／ないとよく言われますが、発想力のある人は子供のころから発揮しています。私もそうですが、あまのじゃく、変わり者、周りと群れない、批判的精神旺盛。ある意味で嫌われ者です。周りとの協調を嫌がるのですから当然です（笑）。

日本では発想力の発揮を苦手とする人が多いです。学校教育にも要因があると思います。「正解があることを記憶する」という習慣づけられた思考からは、斬新な発想は生まれません。私は大学受験で「つまらない暗記の放棄」とうそぶいておりました。勉強したくない自分の正当化にすぎなかったのですが（笑）。

定義をご覧いただくとわかるかと思いますが、仮に元々の発想力がいまひとつであってもいいのです。発想が苦手と思う人であっても、後天的に磨くことができます。磨くには3つの方法があります。

1つは、多岐にわたるリベラルアーツなどを幅広く勉強すること。さまざまなインプットによって意図的に発想力を磨こう、ということです。

2つ目は発想のためのフレームワークを使うことです。例えば、ＫＪ法やマインドマップ、ブレインストーミングなど。決められたルールや枠に沿って考えることで発想の手助けとなります。

発想力			
6 発想研磨力	7 問題発見力	8 改善アイデア発案力	9 新規アイデア創案力

３つ目は顧客や上司、同僚など身近な大切な人の課題や悩みに向かい合い、相手のために真剣に考えることです。相手のために何ができるのか。「自発利他性」「主観正義性」「対人大善力」を強く持って考え続ける。これが発想につながっていきます。

7　問題発見力

【基本定義】
社内外の商品・サービス・システムや現状の当たり前に疑問を持ち、問題点を見つけ出している（これおかしい！）

発想研磨力では、発想力が低いと自覚する人向けに、身近な人から解決すべき具体的な課題をもらうことを勧めました。問題発見力は自ら課題を発見していく力です。

8 改善アイデア発案力

【基本定義】

社内外の商品・サービス・システムや現状に対して、改善案を考え出している（こう直したらいいな！）

9．新規アイデア創案力とともに発想力のカテゴリーに便宜上入れていますが、論理力にも該当します。アイデア出しは、改善であろうが革新であろうが、発想力と論理力の双方からのアプローチがあります。発想力からであろうと、論理力からであろうと、天才的な人はアイデアが次々と浮かんできます。ただ、そういった人はごく稀です。

一般の人はフレームワークを利用すればよいのです。発想的アプローチのフレームワーク。論理的アプローチのフレームワーク。うまく活用してアイデアを出していきましょう。

発想力			
6 発想研磨力	7 問題発見力	8 改善アイデア発案力	9 新規アイデア創案力

9　新規アイデア創案力

【基本定義】

社内外の商品・サービス・システムや現状に対して、他分野からの置き換えや、組み合わせなどによって、今までにない新しいアイデアを考え出している（こんなのあったらいいな！）

問題発見力、改善アイデア発案力、新規アイデア創案力は一連の流れになっているので、セットで説明します。

問題発見力の基本は、「当たり前に疑問を持つ」ことです。これがすべてと言ってもいいかもしれません。もちろんコツはあります。この仕事は何のためにしているのだろうか。この商品のこの機能は何のためにあるのだろうか。この仕事に毎日2時間かけているけど、本当に必要か。疑問を持ち、ある意味で、あまのじゃくになって前提を疑うことです。

大きな理想を掲げ、現状とのギャップについて考えてみることも効果的です。私はよく社員に地球益視点で考えよう、と言っています。現実ではアメリカ視点が多いです。アメリカでうまくいっているものを、日本に持ってくることをよしとしてしまっている。視点を高くするほど現状の問題点が見えてくるのです。新たな商品やサービスを生み出すためのスタートポイントになります。

当たり前に疑問を持ち、問題点を発見したら、それを改善するためにどうすればいいか。問題点を解消するにはどのような工夫が必要かを考えていきます。それは既存のものを改善する「改善アイデア発案力」の活用でもありますし、新しいアイデアを発案する「新規アイデア創案力」の活用でもあります。

「改善アイデア発案力」は小さな改善を持続的に繰り出すイメージです。比較的コストも時間もかからないものです。

「新規アイデア創案力」は大げさに考える必要はありません。「今までにない新しいアイデア」と言ってはいますが、「他業界からの置き換え、複数の既存アイデアの組み合わせ」でよいのです。結局、多くの新規アイデアと言われるものは「置き換えか、組み合わせ」でしかありません。新規アイデアを難しく大げさに考えないことが大事です。最後に大切な説明を加えておきます。「改善アイデア発案力」と同じように、「新規アイデア創案力」も論理力の項目でもあります。

［論理力］——アイデア（仮説）を形にしたり、具体的な商品やサービスに落とし込むために不可欠な能力

10 問題分析力

【基本定義】
問題を定性的・定量的に分析・整理し、解決すべき課題を抽出している。さらに優先順位をつけている

問題と一口に言っても、解決のために何から手を付けるべきかが定まっていないことも多々あります。そのときに必要となるのが「問題分析力」です。問題を分解し、課題を抽出。緊急度と重要度を考え、優先順位をつけます。

問題分析した後は、課題解決のための仮説立案です。仮説立案である「改善アイデア発

案力」「新規アイデア創案力」の両方につながります。

11 仮説検証力

【基本定義】
立案された仮説（仮の答え）を実行に移し、有効性を検証している

「改善アイデア発案力」「新規アイデア創案力」によって仮説を立てる。その後は、実行に移し、有効性を検証します。うまくいかない場合は、課題の立て方が間違っている可能性があります。もう一度、問題分析に立ち戻ることが必要でしょう。

12 一般化力

【基本定義】

自分の持つ知識・経験・ノウハウを他人も使えるように特殊性を除き、周りに共有している

前項で述べたようなプロセスで、解決した課題は自分のノウハウになります。それを自分以外の人にも使えるようにする能力が「一般化力」です。うまくいった要因の中で自分だけの特殊性はどこなのかを考える。一般化において重要です。自分はできるけど、他の人はできないということは往々にしてあるものです。このような属人性を放置していると、仕事が個人に紐《ひも》づいてしまいます。経営者からすると、組織としての再現性を失ってしまいます。特殊性を除いて、個人のナレッジを組織のナレッジにし、みんなが使えるものにすることが大事です。併せて、一般化ができる人材を高く評価することも重要です。

エン・ジャパンにはマネジメント職とは別に「ハイプレーヤー」という職制があります。自分のスペシャリティを追求して成果を上げる層のことです。このハイプレーヤーにおいても「一般化力」を求めていることは強調しておきたいと思います。組織やメンバーを顧みず、自分勝手になる可能性があるからです。フルコミッションのセールスの業態をとる業界に見られる傾向ですが、私たちはそれを許していません。

自分の成績だけに関心を持つのではなく、周りのチームや会社に対しても改善案、改革案を示す。これは、「心を広める」にある周辺変革性のことです。同時に自分の知識・経験・ノウハウを言語化して周りに教える一般化力を求めています。これらは「利他性を高める」ことにつながります。

創業時は求人広告代理店でしたので、まさしく営業会社でした。社員の営業力を向上させるために、自分自身の営業ノウハウを客観視し、誰にでも使えるようにしました。エン・ジャパンの前身である日本ブレーンセンターは強力な営業力により、数ある競合を抜いて急成長しました。それを支えたのは私自身のノウハウの「一般化力」と、あとで述べる「組織標準化力」が大きな要因だったと思っています。

13 論理的表現力

【基本定義】相手が納得できるように、口頭や文章などで、結論・理由・根拠の順に筋道を立てて説明している

一般化して、みんなが使えるようになるためには論理的表現力が必要です。定義の通り、口頭であっても、文章や図解であっても、結論↓理由↓根拠の順で簡潔にわかりやすく伝えること。それが相手に納得してもらえるコツです。どこでも活躍できる人材になるためには、自分がやっていることや成果を伝える力が不可欠です。

論理力は、次のような流れになります。①まず問題分析し、解決すべき課題を明確にする。②立てた仮説を検証し、解決策を見つける。③自分なりに見つけたノウハウから特殊性を除いて、周りの人が使えるものにする。④一般化して広めるために、論理的表現力で伝えていく。このような流れをつくり、自身で身につけることが大切です。

論理力というのは、意外と磨きやすいものだと私は考えています。特に論理に関する、さまざまなフレームワークが世の中にはあり、それを自由に使える環境になっているからです。

マッキンゼーやボストンコンサルティングなど、戦略系コンサルは使い込んできた過去のフレームワークをオープンにしてくれています。

その意味では、直観力が問われる「発想力」のほうが難易度が高い、と言えるでしょう。

発想力を鍛えたいのであれば、前述した3つの方法（138ページ）がお勧めです。フレームワークを駆使した論理力が組み合わされて、創造力が高まることになります。

それでは、最後にここまで解説した「発想力」と「論理力」を活用した「創造力発揮のプロセス」について説明をします。

創造力発揮のプロセス

図7をご覧ください。この図は創造力発揮のプロセスを示しています。何かを創造するためにはCSAの発想力、論理力を駆使することが必要です。

創造には、まず発想力が重要です。発想力は先天的な能力と思われがちです。後天的にも鍛えることができます。ただし、多様な分野・事象・最新テクノロジーに対して意識的に興味・関心を持つ。さまざまな文化・思想・理論を柔軟に取り入れる。リベラルアーツを学ぶ。自社やクライアントの課題に真摯に向き合い、解決策を考える。思いやりが強ければ、ひらめきがより促進されます（発想研磨力）。日々行うことで、発想力は磨かれます。

図7　創造力（＝発想力＋論理力）発揮のプロセス

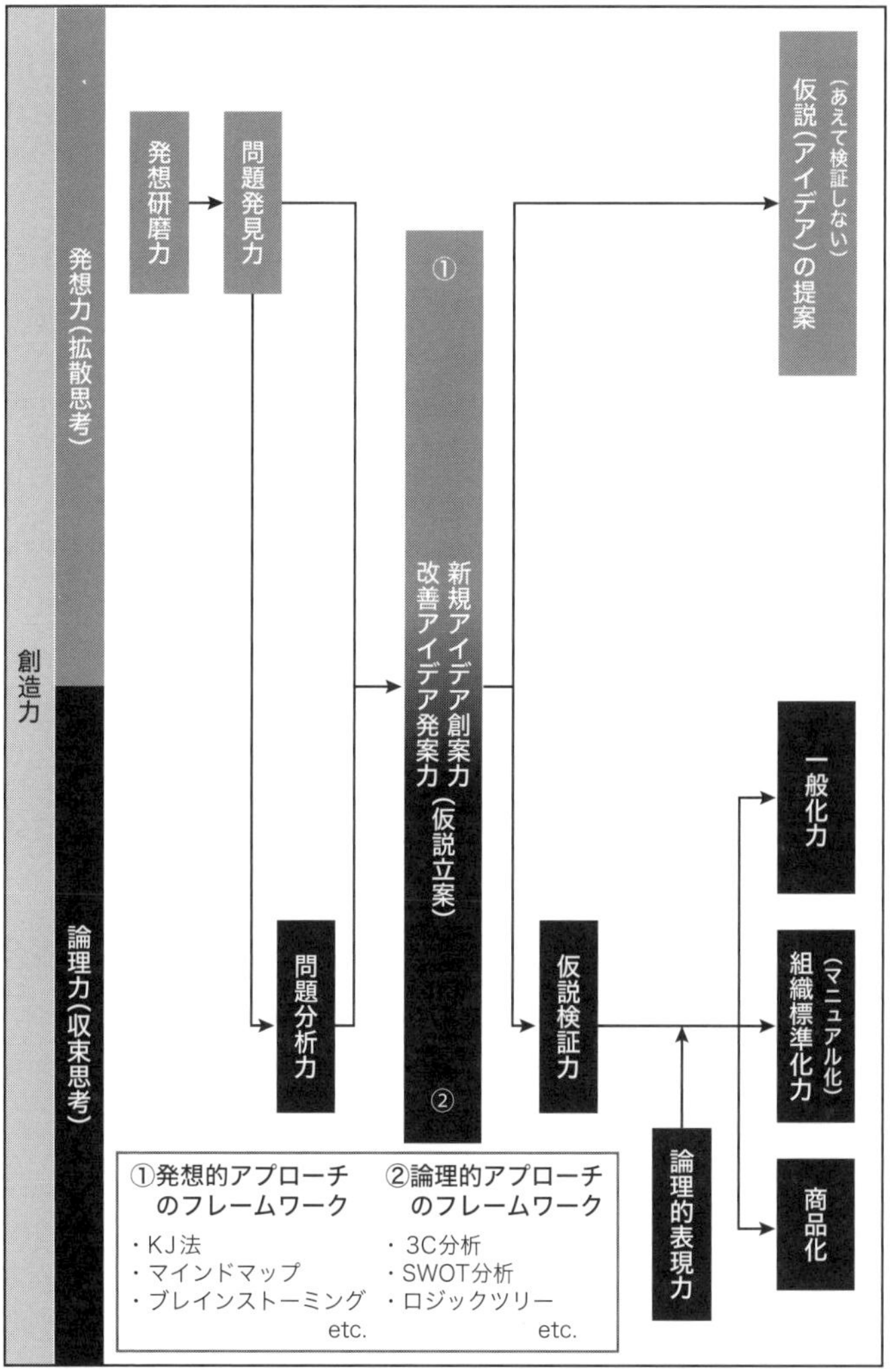

考え続けていると、だんだんと社内外の商品・サービス・システムや現状の当たり前に疑問を持てるようになります。「これおかしい」を発見すること（問題発見力）につながります。

問題を発見した後は、そのまま仮説立案に行くルートと「問題分析力」に進むルートがあります。「問題分析力」に進んだ場合は、問題を分析・整理し、解決すべき課題を抽出。さらに、課題の優先順位をつけます。

どちらのルートも仮説立案につながります。仮説（アイデア）出しは「改善アイデア発案力」と「新規アイデア創案力」を用います。アイデアを出すことに苦手意識を持つ人が多いかと思います。フレームワークを利用すればよいのです。フレームワークには発想的アプローチ（図の①）もあれば、論理的アプローチ（図の②）もあります。このようなツールを活用して仮説（アイデア）を立てていきます。

仮説立てをした後は、2つのルートに分かれます。1つはそのまま提案に移るルート。すべてのアイデアを検証しようとすると、ハードルが上がります。アイデアが出づらくなる。ですので、図の右上にあるように検証をせずにそのまま提案することも必要です。

しかし、実際にビジネスの場面で利益につなげるならば、仮説検証力を用いて仮説（仮の答え）を真の答えに近づけることが必要です。ここはビジネスを行う上で忘れてはならないところです。それが2つ目の「仮説検証力」を用いるルートです。

「仮説検証力」の後は、「一般化力」「組織標準化力」「商品化」につなげます。すべて「論理的表現力」の発揮が求められます。自分以外の人に納得してもらうためには、結論・理由・根拠の順でわかりやすく伝える必要があるからです。

個人で完結する仕事の場合は一般化力につなげます。仮説を実行で検証。自分だけの特殊性を除いたノウハウが明らかになります。それを周りに共有。自分の身近なメンバーに貢献する創造力の発揮となります。

管理職など組織での成果を追う仕事の場合は、組織標準化力につなげます。部下たちの成功・失敗事例を集め、要因を分析。どうすれば誰でもイチ早く高い成果を出せるのか。その方法を検証してマニュアル化。組織全体のレベルアップを図る創造力の発揮となります。

アイデアが商品・サービスに関するものであれば、商品化につなげます。価格・チャネル・競合状況などのマーケティング調査を行い、緻密に検証。仮説が実証され、勝算があるのであれば、いよいよリリースとなります。1つの商品を開発する。膨大な費用がかかります。失敗すれば、とてつもない損失です。特にモノづくりメーカーは生産設備、原材料、人件費などの莫大《ばくだい》なコストと、在庫を抱えるリスクも伴います。それだけに慎重な検討が求められます。

以上がCSAの「能力」である「発想力」と「論理力」を用いた創造力発揮のプロセスです。こうした力を持つ社員が増えることで、経営力は間違いなく上がっていくことでしょう。

［組織貢献力］

企業の組織と事業運営に貢献するために欠かせない能力

能力	対人関係力	1 好感演出力
		2 キモチ伝達力
		3 対人傾聴力
		4 他者活用力
		5 対人大善力
	発想力（拡散思考）	6 発想研磨力
		7 問題発見力
		8 改善アイデア発案力
		9 新規アイデア創案力
	論理力（収束思考）	10 問題分析力
		11 仮説検証力
		12 一般化力
		13 論理的表現力
	組織貢献力	14 意志決定支援力
		15 理念共創力
		16 理念伝導力
		17 人財マネジメント力
		18 組織標準化力
		19 組織目標推進力
		20 新規事業創出力

現場情報の報告などで経営層の思考・判断をサポートする力。よりよい企業理念・行動指針のための改善案を出し、浸透させていく力。部下の性格や能力を把握した上で適切な

組織貢献力			
14 意志決定支援力	15 理念共創力	16 理念伝導力	17 人財マネジメント力
18 組織標準化力	19 組織目標推進力	20 新規事業創出力	

マネジメントを行う力。組織におけるノウハウの標準化や仕組み化を行う力。組織の目標を達成するために、さまざまな経営資源を有効に使う力。新しい事業をつくり、組織化する力。より経営に近い、総合的な能力が「組織貢献力」です。

組織貢献力は社員全員に求めるものと部下のマネジメントをする社員に求めるものの2つに分かれます。社員全員に求めるのは、「意志決定支援力」「理念共創力」の2つです。

部下のマネジメントに携わる社員に求めるのが、「理念伝導力」「人財マネジメント力」「組織標準化力」「組織目標推進力」「新規事業創出力」の5つです。

14 意志決定支援力

【基本定義】

役員や事業部長に現場情報や課題に関する報告・相談・提案をすばやく能動的に行い、決

定権者の思考力・判断力を高め、間違った決断をさせない支援をしている（メンバーは日報で報告・相談・提案をする）

社員一人ひとりが上層部の意志決定を支える。特に、最高トップである経営者の判断を間違えさせない、という能力です。20の「能力」の中で、最も重要であると考えています。

わかりやすい言葉で言うと、「みんな、頼むよ。私たち経営者は現場情報が入りにくいから、ありのままの情報を必ず伝えてほしい。マイナス情報も忖度せず、そのまま伝えてほしい。もし経営者である私が意志決定を間違えたら、社員全員が大きな損失を被るのだから」ということです。どんな経営者でも、個々の社員が上げてくれる現場情報なくして、正しい意志決定をすることは難しい。

リーダーの意志決定を支援するための具体的なアクションは、報告・相談・提案です。一般的には報告・連絡・相談で、「報・連・相（ホウレンソウ）」と言いますが、当社では「報・相・提（ホウソウテイ）」としています。「ホウレンソウ」の「連絡」は製造業のモノづくりの現場ではとても大事です。連絡ミスがあると製造現場で事故が起こる可能性があるため、報連相は徹底すべし、となったのです。サービス業やソフト産業のような非製造業では「報告・相談・提案」、すなわち「報・相・提（ホウソウテイ）」が大切だと私は考えました。激変するデジタル社会では、現場の変化を身近に感じる人たちの改善提案が、連絡することよりも遥《はる》かに大切になったからです。当社を含めてソフト産業やサービス産業は、単なる連絡にとどまらず、提案までを習慣づけることが必要だと思います。

意志決定支援力の定義を見ていただくと、報・相・提の対象は「役員や事業部長」です。幹部ではない一般社員がどうやって役員や事業部長に情報を上げるのだろうと疑問を持つ方も多いでしょう。当社において、意志決定支援力を発揮する仕組みとして機能しているのが「日報システム」です。

エン・ジャパンでは、一般社員のほとんどが日報を書きます。毎日です。「カンパニークライアントからこんなことを言われた。競合はこんな提案をしているようだ」というような、ありのままの声を日報に書きます。一人も欠かさず日報を書かせることを習慣にするのは簡単なことではありませんが、私たちは、それを徹底してきました。この日報文化はすっかり根付いており、社員にとっては毎日書くのが当たり前になっています。現場情報などを含めて日々の活動の報告をきちんと書けるようになりました。

大事なことは、事実を伝えることです。自分の解釈を交えた意見ではなく、「カンパニークライアントにこういうことを言われました」という事実のレポートが上層部にとって一番役に立つのです。

私自身、2003年から毎日欠かさずカンパニークライアントと直接の接点を持つ社員の日報をすべて読んできました。2007年には営業社員が600名になっていました。それでも朝5時から8時まで、毎日、すべてに目を通しました。社員の肉声とともに、現場の問題が生々しく書かれています。事業の改善点や新規アイデアがたくさん浮かんできました。それをメモに書き、朝8時半には出社して、指示を出しました。

実際の日報の例を見ていただくとわかる通り、一人ひとりの文章量がそれなりにありま

図８　実際の日報の一例

１行程度のメモではなく、現場で得た生の情報を具体的に詳しく書く。最大で600名分の日報を毎日チェックしていた。

す。正直なところ、毎日６００名の日報を読むのは大変な作業でした。巨大な競合がひしめく求人広告のマーケットで勝つためには即断即決が重要です。他社が意志決定に1週間かかるところを、1日でする。経営者が現場情報に基づいてスピーディーに決断をしていくことが他社との差別化につながると考えたのです。

経営者や上層部が現場情報を仕入れるためには、組織の階層は少ないほうがいい、というのが私の考えです。私にダイレクトにメールで情報を伝えてもいい。その際は、中間管理職をむくれさせないように、上司を同報（cc）にして報告します。常に直接の上長にだけ報告をするという原則にすると、間違いなく組織病になっていきます。経営トップへのダイレクトな報告も可能というルールにする。管理職層にも了解してもらう。それをよしとする風土をつくったことで、問題が共有されない抜け漏れが激減しました。経営層の意志決定の精度が上がったと思います。

繰り返しになりますが、「意志決定支援力」は社員に対して求める最も重要な能力です。「意思」ではなく、あえて「意志」としています。意思決定は社員全員が日々、普通に行っているもの。意志決定は経営者や経営幹部が志を持って行うもの。重みと責任が違うのです。この能力の発揮を社員にお願いできるのはトップのみです。トップ以外の人が「経営者の判断を間違えさせないように」と言うのは、なかなか勇気がいることです（笑）。現実的ではないでしょう。トップ自らが旗を振って意志決定支援力が発揮できる組織にすることがとても重要だと考えています。

なお、全営業社員の日報を読むことは２００７年末までで、さすがにやめています。ストレスがかかりすぎて体調を崩したからです（笑）。経営者のみなさんにお勧めはしますが、体調を崩してまでやり切るか。やり切れるか。くれぐれもお気をつけください。

15 理念共創力

【基本定義】

理念（バリュー・パーパス・ビジョン、事業・行動ガイドライン等）を共に創り上げる

ために、疑問があれば投げかけ、ときには改善案を出している

　エン・ジャパンは前述した「共創型理念経営」を標榜しています。理念をもとにCSAが構成されているのですが、その理念は不変のものではありません。原型は創業者である私がつくったものですが、社員からの改善案をみんなで議論して変えていきました。時代の変化にも対応しながら、みんなでよりよいものにしていく力。そのことを理念共創力と名づけました。

「理念に疑問を投げかけてもいい」というのは、簡単には理解していただけないかもしれません。創業者がつくった理念を社員が変えてもいいのか、と思われる方もいるでしょう。エン・ジャパンでは、疑問を投げかけるほうが評価されるという風土をつくってきました。

　私は理念経営には段階があると考えています。図9を見ていただきたいと思います。STEP1は、理念そのものがない企業。もちろん否定しているわけではありませんし、このような企業は実際のところ多いでしょう。理念がなくても経営はやっていけます。

図9　理念経営の段階

STEP	状態
STEP 1	理念そのものがない。
STEP 2	理念はある。ただし、社員が理解していない。
STEP 3	理念があり、社員も理解している。ただし、行動が伴っていない。
STEP 4	理念があり、社員も理解し、行動も伴っている。 ただし、理念は絶対的なものとして信奉されている。
STEP 5	理念があり、社員も理解し、行動も伴っている。 ただし、理念は絶対的なものではなく、共感のために疑問を投げかけることができ、社員自ら理念の変更・改善に関与している。

STEP2は、理念はあるが、社員が理解していない企業。額縁に理念が飾られているだけで、社員はその存在に気づいていない。そんな状態です。

STEP3は、理念があり、社員も理解しているが、行動が伴っていない企業。このような企業では、朝礼で理念を唱和したり、昇格試験に理念が出てきたりします。ただし、理念を使うのはそのときだけ。普段の仕事や商品・サービスには理念との一貫性が見られない。そのような状態です。

STEP4は、いわゆる理念経営ができている企業です。社員が全員、理念を理解し、普段の行動でその理念を体現している。素晴らしい企業です。なかなかこのレベルの企業は見当たらないと思います。ただし、一点懸念があるとすれば、その理念が絶対視されることです。社員の思考を硬直化させる恐れがあります。

当社ではさらにその上のレベルであると信じているＳＴＥＰ５に挑戦しています。理念があり、社員も理解し、行動も伴っている企業。ただし、理念は絶対的なものではなく、疑問を投げかけることができ、社員自らが理念の変更・改善に関与している。このような状態を理念経営の理想としています。

「共創型理念経営」は、何よりも経営者に緊張感を与えます。社員からの疑問や改善案に対する説明や説得に私もずいぶん知恵を絞ってきました。社員の経営に対する主体性・当事者意識も高めます。自分たちが理念をつくり、実現していかなければならない。この想いを社員が持つようになるからです。経営者が代わっても、企業が永続的に繁栄する仕組みだと思います。「共創型理念経営」を実践する力として落とし込んだものが「理念共創力」です。2022年3月に代表を降り、鈴木社長に引き継いでから、さらに共創型理念経営の大切さを痛感しました。鈴木社長は私がつくった理念を踏襲し継承しています。まさしくサステナブルな経営だと実感しています。現社長の次の経営者も同様にすればいい。理念共創型の組織ならば、強い経営を永続的に行っていけると信じています。

16 理念伝導力

【基本定義】

理念を、信念を持って、自分の言葉で、周りに伝え広めている

管理職には、メンバーの理解や共感をより深めるために、自分の言葉で理念を伝えていく、という能力を求めています。それが理念伝導力です。チームリーダーという数名の部下を持つ立場までは「理念共創力」の発揮が求められますが、マネージャー以上には「それをどうやって伝えていくのか」を考えてもらいます。

自分の体験を振り返りながら、「自分の言葉で」伝えるのです。もちろん、最初は私や上長が伝えていたことをそのまま伝えることでもかまいません。最終的には、自分の言葉で伝えてほしい。自分はこういうふうに理念を使って仕事で成果を上げてきた、と語るのです。

理念を丸暗記させて暗唱させるようなことでは、自分事になりません。どこまでいっても、それは誰かがつくった言葉にすぎません。行動原理になるほど浸透することはありません。

理念でさえ、みんなでつくるものであり、タブーではない。つくった理念は管理職が伝える努力と工夫をする。強い経営にとって、とても重要な要素だと考えています。

Column
02

「共創型理念経営」の実践の場は「越智塾」。提案や相談に答えることでCSAの考え方や能力が磨かれていった

幹部社員、幹部候補社員を対象としたオンライン経営塾「越智塾」。2010年から2022年まで12年続けました。毎週10件ほど社員から上がってくる報告・相談・提案を通常業務の傍ら、直接返事をしていました。

幹部候補の育成のために、その返信は塾生全員（最大500名ほど）に公開することが基本です。部下マネジメントについての相談。商品・サービスの課題と方向性についての報告。経営理念についての改善提案など。テーマは多岐にわたります。

この「越智塾」によって、CSAの概念が磨かれていきました。

エン・ジャパンは「共創型理念経営」を標榜しています。理念の原型は経営者がつくります。ただし、それは社員を絶対的に従わせる規範ではありません。創業者である私の考えていること、言っていることは絶対ではない。疑問を持ち、どんどん質問や改善案を出してほしいのです。

それが共創型という意味です。みんなで知恵を出し合ってよりよいものにする。より時代にフィットするものにしていく必要があります。

社員が理念に疑問をぶつけることができるからこそ、本当の共感ができる。現場で使える理念になる。成果に結びつくのです。

「越智塾」では、CSAを含む理念への意見や改善提案が飛び交っていました。ある一人がCSAの項目の定義について改善提案をする。私が論点を整理する。何十人もの塾生が意見を言い合う。越智塾の事務局が意見をまとめる。取締役で議論をする。改善提案が受け入れられても、そうでなくても、その議論のプロセスをオープンにする。

このような一連の流れを幾度となく繰り返してきました。「越智塾」はまさに「共創型理念経営」の実践の場と言えるでしょう。

例として、「主観正義性」の改善提案について取り上げます。

塾生からの提案により、次のような変更を行いました。

〈実際のやりとり〉　・塾生からの改善提案

塾生全員公開

【主観正義性】の定義について、変更提案をします。

◆現状
未だ社会的に疑問視されていない事象を主観的に問題と捉え、
独善に陥らないように気をつけながら、自分なりの主義主張を発信している

◆変更後
未だ社会的に疑問視されていない事象を主観的に問題と捉え、
自分なりの主義主張を発信している

◆変更点
“独善に陥らないように気をつけながら、”を省く。

◆理由
「独善に陥らないように」という言葉が、どうしても日常のビジネス・仕事に置き換えて考えることが難しく思います。

社内でこの基本定義を説明するにあたっても、ここの箇所だけ具体例を明示できず、何となく曖昧になってしまいます。

もちろん、昨今の世界で偏った正義によって、平和が脅かされていることも、越智さんから常々お話いただき、理解しています。自らの主観正義が独善に陥ってしまうことは気を付けなければなりません。

ただ、そのことは【考え方】の別項目である【自発利他性】で歯止めをかけるという捉え方の方が理解がし易いのではないかと考えています。

越智さんの考えを教えてください。

越智通勝

●●さん＆塾生

結論は、「独善に陥らないように気をつけながら」を省くことを皆で議論しましょう。
もらった意見は理解できます。

この言葉を入れると、主観的な主義・主張がしづらくなる?　独善か?そうでないか?を考えるよりも、まずは発信してみる。反発を受けて、独善かどうか、考えればイイ。【自発利他性】も控えています。

私なりの配慮は、「気をつけながら」を付け加えたことです。「独善に陥らないよ

うに」だけだとキツ過ぎて、それこそ発信しづらくなる。

横田さんの理解どおり、いま世界で起きている痛ましい事件を思い浮かべながら、この文言を入れました。事件を起こす側も彼らなりの主観正義を主張していることが事実だからです。

と言って、民間企業はそこまで極端ではない。
ただ、民間企業も、真剣に、自分達の【主観正義性】に独善性がないかどうか、自問自答してもらいたい。

それは【自発利他性】で、見知らぬ人たちへの思いやりと分かち合いを考えてもらえばイイのか？

塾生の皆様の意見を求めます。

●●さんの意見に賛成です。

“独善に陥らないように気をつけながら”を削除しても、【自発利他性（利己と利他との葛藤の中で、他者の幸せや社会の利益を意識的に優先している）】がある事から、あえて、類似した内容を、別の言葉で言い表す必要はないかと思いました。

◇【自発利他性】にて、大切にしたい事が言い表されている事。
◇心を高める（≒人と社会を思いやる力≒インテグリティ）にも影響がない事
◇行動ガイドラインとは、各項目のみで完結されるものではなく、それぞれが重要な役割を担い、補っている事。

以上３点より、横田さんの意見に賛成です。
宜しくお願いします。

●●さんの投稿で考えさせられました。ありがとうございます。

結論は、賛成です。
定義からは省いて、クラス別の求める要件に入れるのが良いと思います。

【主観正義性】を発揮する上で、事業責任者としての立場から考えると、独善に陥らないように常に考えています。

メンバーやリーダーから考えると、独善という言葉に迷わされるのはよくわかります。それで【主観正義性】の発揮がしづらくなるのでは、育成や評価ツールとしての行動ガイドラインの意味がなされなくなると思います。

結論は反対です。
今のまま「独善に陥らないように気をつけながら」を残しておく方が良いと思います。

自身が社会的に問題だと感じることに触れたとき、もしその事象が解決できたとして、他の関係者に別の問題が起こらないかどうかや、それらを包括する別の問題が起こらないかどうかを、繰り返し自問自答しながら思考しているからです。

今の自分に気づけていない観点や、自分の主観に偏りがないかどうか、悩みながら思考するプロセスが「独善に陥らないように気をつけながら」という言葉に表れていると思うため、省かない方が良いと考えます。

あらためて考える機会を得られました。ありがとうございます。
その上での私の意見は反対です。「現状のままで良い」です。

理由としては、【主観正義性】単体で説明が完結できるほうが理解促進しやすいと思いますし、主観と独善的は相反するものですが、悩み検討をくり返すことで考えが深まる一面もあると思うからです。

結論、反対です。今のままで良いと思います。

【主観正義】というのは、独善と紙一重であると思います。最初は独善的ではなかった思考も、「主観」正義を突き詰めることで独善性が出てくることもあるかもしれません。
独善に陥らないように気をつけながら【主観正義】について考え続けることで、より深い思考になると思います。

●●さん案に賛成です。理由は発信のしやすさです。やはり「独善～」の部分は発信者の心のブレーキがかかる一文と考えます。

●●さん案に賛成です。

全員が主体的に問題意識を持つことを目的とすると発信の妨げになると考えます。社会正義を追求する中、自発利他性もあるため独善は排除されると思いました。

結論としては、反対です。現状のままにすべきだと思います。

議論となっている一文があることで、主観的な主義・主張がしづらくなるという懸念もありますが、独善に陥らないように気をつけながら、悩み・考え抜いた先にあるものが、求められる本当の【主観正義】だと思うからです。

"独善に陥らないように気をつけながら"というのは【主観正義】を発揮する上での、根底(前提)にあるものだと思います。

⋮

この後85名が続きました。

最後に、事務局が役員MTGの内容をまとめ報告する。

塾生の皆さま

役員 MTG にて話し合われ、結論がでましたので、
ご報告をさせていただきます。

◆結論

「独善に陥らないように気をつけながら」を削除する。

現状：未だ社会的に疑問視されていない事象を主観的に問題と捉え、独善に陥らないように気をつけながら、自分なりの主義主張を発信している

改定後：未だ社会的に疑問視されていない事象を主観的に問題と捉え、
自分なりの主義主張を発信している

◆理由

もっと主観正義を発信して欲しいと考えられたためです。

当社の社員は主観正義を発信することが苦手。「独善に陥らないように
気をつけながら」という文言がより発信を妨げてしまっているのではないか。

主観正義の発信が増え、独善的なものが目立ちすぎるようになれば、
また「独善に～」の文言を入れていけばよい、と話し合われました。

以上です。

組織貢献力			
14 意志決定支援力	15 理念共創力	16 理念伝導力	17 人財マネジメント力
18 組織標準化力	19 組織目標推進力	20 新規事業創出力	

17 人財マネジメント力

【基本定義】

部下の性格・考え方・能力や個別事情を把握し、P（目標達成機能）とM（動機づけ機能）の双方を発揮して、効果的な部下育成と組織運営を行っている

部下のマネジメントで大事なことを定義しているのが、この能力です。上司はメンバーを育成しながらも、組織目標の達成もしなければならない難しい立場にあります。上司の「人財マネジメント力」を高めることは、組織を強くすることに直結します。経営者にとって非常に重要です。

部下のマネジメントにおいては、まずメンバーの一人ひとりについて、強みは何か、弱みは何かを把握することが不可欠です。ある程度のプライベートの状況を理解することも必要です。「今日、彼はなんとなく元気がないように見えるけれど、前日、奥さんとけんかしたのだろうか」などと想像を巡らせることもできるでしょう。そうなると、フォローの仕方もより効果的になるはずです。

業務に関して個別にサポートすることもマネージャーの役割ですが、やる気を高めるような支援をすることも欠かせません。ＰＭ理論は、心理学者の三隅二不二氏（元九州大学教授）によるリーダーが取るべき行動理論で、リーダーシップ行動を「Ｐ（Performance）：目標達成機能」と「Ｍ（Maintenance）：集団維持機能」の二軸で捉えるものです。エン・ジャパンでは、この考え方を踏襲しながら、Ｐ＝パフォーマンスとＭ＝モチベーションに表現を置き換えています。Ｍ＝メンテナンス（維持する）とする従来のＰＭ理論。今の時代にはそぐわない面があると思うからです。より積極的にメンバーに関わったほうがよいのではないか。「維持する」ではなく「動機づける」。このほうが、メンバーの力を引き出すマネジメントに直結すると思います。

ＰとＭのどちらが重要かということではありません。両立させる必要があります。目標達成に対する要求度も高いし、かつ面倒見もいい、というのが目指すべき上司像です。図10

図10　エンPMマネジメント理論

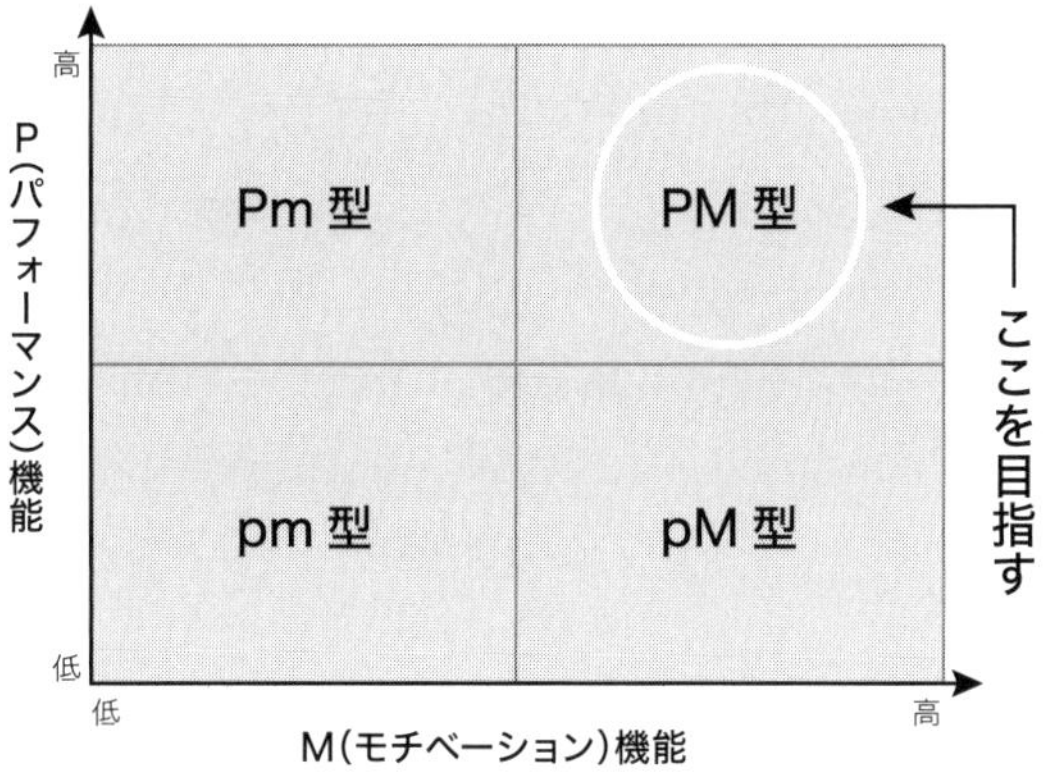

P：目標達成機能
⇒各メンバーの個人目標を達成させ、チーム目標を達成すること

M：動機づけ機能
⇒部下にやる気を持たせること

に示したPとMのマトリックスの中では、右上の「PM型」が、それに当たります。

経営者やマネージャーのやるべきことは、部下にストレッチした目標を与えながらも、やりがいと業績目標を両立させることだと第1章で述べました。例えば、WBCの侍ジャパンのような選りすぐりの優秀な集団であれば、M（モチベーション）だけを考えればいいかもしれません。体調を最もいいレベルに維持させ、ほめておけば、自ずと成果を上げるでしょう。

でも、あれほど優れたチームはそうはありません。普通のチームはそうはいきません。鍛えることが必要で、ストレッチ目標を与えていかなければならないでしょう。

とはいえ、ストレッチさせるあまり、やる気をなくさせるわけにはいきません。ストレッチしながら、どうやってやる気を高められるか。マネジメント側が頭を使うところです。モチベーションばかりを重視して、みんなに好かれるpM型（図10の右下）。これではマネージャーとして一人前とは言えません。部下に、より高いレベルを要望するが、モチベーションまで考慮できないPm型（図10の左上）。このタイプは、ときに部下から反発を食らいます。どうすればよいのかを考えることになる。そこに学びが生まれます。pM型よりも、Pm型のほうが上司は育ちます。経営者としては、自社のマネージャー陣のタイプを把握することが大切。より多くのPM型（図10の右上）管理職を輩出するのが、経営者の役割です。

これが、エン・ジャパンが上司に求める人財マネジメント力の要諦です。

組織貢献力			
14 意志決定支援力	15 理念共創力	16 理念伝導力	17 人財マネジメント力
18 組織標準化力	19 組織目標推進力	20 新規事業創出力	

18 組織標準化力

【基本定義】

個々のノウハウを一般化させ、誰でもイチ早く成果が上がる仕組み化・マニュアル化を図り、実行と改善を繰り返している

前述した「一般化力」は、自分個人のノウハウを周りの人に付与することですが、「組織標準化力」はより広い概念で、組織に対する働きかけです。

個人が一般化した知識やノウハウをたくさん集める。その中から成功要因、失敗要因を抽出し、より多くの人が使えるようにマニュアル化する。これが「組織標準化力」です。一般化力は、リーダーが自分個人の成功体験、失敗体験を周りに共有する能力でした。組織標準化力は、小集団ではなく、ある程度の規模のある組織の中で個々のノウハウを収集・分析して標準化させる能力です。誰でもイチ早く成果が上がる仕組み化・マニュアル化を図り、実行と改善を繰り返すことが重要になります。

マニュアル化したものは常にブラッシュアップし、進化させる必要があります。陳腐化のスピードが速いからです。エン・ジャパンでは、マネージャークラス、いわゆる管理職に求められる能力の中に入れています。一般化より、さらに高度な能力と言えるでしょう。

大胆に言い切ると、組織標準化力とは「まったくの未経験の人で、平均以下のレベルの人でもすばやく成果が上がる仕組みづくりをする」ことです。

創業期、私は一人で会社を始めました。無名の会社には、当然ながら優秀な人材は来ないものです。そんな社員たちをどう戦力化するかを必死に考えざるを得ませんでした。そのおかげで、私は経営者として成長したのかもしれません。

私は自分がやってうまくいったことを体系化し、仕組みを整えました。私が考えた仕組みに沿って営業をすると、実績が上がりました。社員は「越智さん、これいいですね」と言って営業を続け、さらに実績が伸びます。結果、やる気が上がり、もっと成果が上がる。まさしくそれが組織標準化力でした。

組織標準化力は、社長自ら身につける必要があります。中小企業の経営者は、口を揃えて「優秀な人が採れない」と嘆きます。それを聞いて私は「社長、よかったですね。優秀な人が来なくて」と答えます。「あなたが優秀になって引っ張っていけばいいのです。トップ自らの成長の機会と捉えましょう」と。

仮に部下がダメだと感じているのなら、社長自身が一番勉強しなければいけません。飛び抜けて自分が成長しなければ、組織も成長、拡大しない。トップの器以上には組織は大きくなれないと思います。

組織貢献力			
14 意志決定支援力	15 理念共創力	16 理念伝導力	17 人財マネジメント力
18 組織標準化力	19 組織目標推進力	20 新規事業創出力	

19 組織目標推進力

【基本定義】

組織目標を明確にし、その達成のために、社内外の経営資源（人・物・金・情報・時間・知的財産）を戦略的に活用しマネジメントをしている

「組織目標推進力」は、一定規模の組織の長に対して求めるものです。当社ではＰＬ思考を大事にしています。売り上げ、原価、粗利、販管費、営業利益、経常利益、純利益という流れをきちっと押さえることが大前提です。

その流れの中で、どうやって経費を抑えるのか、あるいは逆に、あえて経費をかけるのか。利益最大化を戦略的に考えていく、ということです。

ただし、これはインターネットビジネスを行っているエン・ジャパンの特殊性です。モノ

組織貢献力			
14 意志決定支援力	15 理念共創力	16 理念伝導力	17 人財マネジメント力
18 組織標準化力	19 組織目標推進力	20 新規事業創出力	

づくりをしているメーカーなど、大きな設備や資金を必要とする産業も多くあります。そういった業界では、ＢＳも重視しなければならないことは言うまでもありません。

20 新規事業創出力

【基本定義】
事業バリューに沿った新しいサービス・システム・商品を考え出し、事業化・組織化を行っている

最後が「新規事業創出力」。エン・ジャパンのＣＳＡを構成する能力の中で最も難しいと言えるでしょう。

事業を考えるだけであれば、できる人は少なくないかもしれません。アイデアを出すだけではなく、組織として実践して成果を上げる。事業化して組織化する。ゼロイチだけではなく、1→10とか、10→100を実現することを求めています。総合力が問われるのです。

＊　＊　＊

［組織貢献力］もまた、どこでも活躍できる人材になるための不可欠な能力であると言えます。

言うまでもなく、社員が「組織に貢献すること」は、どんな会社でも重視しているでしょう。ただ、「どういうことが組織に貢献することになるのか」を詳細に定義づけている会社は、それほど多くはないと思います。

エン・ジャパンは、組織貢献力を7つの能力に分けました。「意志決定支援力」「理念共創力」「理念伝導力」「人財マネジメント力」「組織標準化力」「組織目標推進力」「新規事業創出力」です。

前述しましたが、組織貢献力は、社員全員に求めるものと部下のマネジメントをする社員に求めるものの2つに分かれます。社員全員に求めるのは、意志決定支援力、理念共創力の2つであり、他の5つの能力は、部下のマネジメントに携わる社員だけに求めるものです。

これらの能力を社員に身につけさせると、必ず組織のパフォーマンスが上がるはずです。

20の能力を詳しく見てきました。社員の「CSA＝どこでも活躍できる力」をアップさせる。そのまま経営力の強化につながることをご理解いただけたのではないかと思います。

第4章

経営者がつくる、どこでも活躍できる社員が育つ4つの「環境」

環境	1	社内外に適度な競争があり、成長基調で活気がある
	2	20代から、チャレンジングで困難な非定型業務を求められる
	3	性別、国籍、学歴、在籍年数に関係なく、実力で正当に評価される
	4	本業の商品・サービスで自社独自の「主観正義性」を実感できる

Introduction

「考え方」「能力」についてここまで説明してきました。CSAのもう1つの要素は「環境」です。「どんな条件の組織で働くか」は、個人のCSA向上に大いに関係します。環境づくりこそ、経営者の腕の見せどころとも言えます。経営者のみなさんに向けて「どういう組織体制や風土にすると、社員が成長するのか」という観点から、4つの「環境」について説明していきます。

人を成長させ組織を強くする４つの「環境」

環境	1	社内外に適度な競争があり、成長基調で活気がある
	2	20代から、チャレンジングで困難な非定型業務を求められる
	3	性別、国籍、学歴、在籍年数に関係なく、実力で正当に評価される
	4	本業の商品・サービスで自社独自の「主観正義性」を実感できる

第１章で解説した通り、ＣＳＡは「考え方」「能力」「環境」という三要素を統合したも

のです。

いくら「考え方」や「能力」を身につけても、「環境」がよくなければ、その力は半減してしまいます。高い成果にはつながりにくくなります。

エン・ジャパンでは、人を成長させる環境を4つの要素に整理しています。この章では、4つの環境を解説した後、エン・ジャパンではどのようにその環境をつくってきたかについて説明します。

みなさんの会社で4つの環境を満たすようにするにはどうすればいいのか。これを考えながら読んでいただければと思います。

1 「社内外に適度な競争があり、成長基調で活気がある」環境

社員のＣＳＡ向上のためには、会社が「活気に溢れていること」が重要です。元々、活力がある人が入社したとしても、社内に活気がなければ、その活力はすぐに失われてしまうものです。活気を生み出すためのポイントは２つ。「社内外に適度な競争があること」と「会社が成長基調であること」です。

まず、「社内外に適度な競争があること」について。その企業が属している市場の競争が活発であること。社員同士も適度に競争し合い、刺激と緊張感のある環境であること。社内外の適度な競争は、必然的に社員一人ひとりへの要望度を高め、知恵を絞らせます。高い壁に挑み、工夫を重ねることで、成長スピードが加速していきます。外側からの刺激を与えることも社員には必要なのです。

社内の健全な競争を生み出すには、「ウカウカしていたら下から追い抜かれてしまう」という風土をつくることです。

次に「会社が成長基調であること」について。成長というのは、景気変動もあるので、維持していくのは困難です。先行投資によって、短期間、利益減少という局面もあるでしょう。成長基調とは、アップダウンがあれども、5年、10年というスパンで右肩上がりの成長をしていく、ということです。

成長基調であれば、挑戦的な仕事やポストを生み出していくことができます。売り上げや利益が横ばいでは、社員に新しい仕事やポジションをつくることは困難です。

私がもう1つ重要だと考えているのは、社員の平均年齢を上げすぎないことです。ポイントが2つあります。

1つは、新卒、中途採用を問わず、コンスタントに若手採用を続けること。もう1つは、言葉はよくないかもしれませんが、「できない人がはじき出される風土」です。社員がしがみつくような風土では、活気を生み出すことはできません。定着率が高いのは必ずしもいいとは限りません。「対人大善力」の項目で触れましたが、適切な戦力外の警告や通告が大切です。「警告」は、決定的な「通告」の前に必ず行ってください。

活気を保つために、経営者の方に勧めたいことがもう1つあります。会社の上場です。上場をするというのは表舞台に立つことだと私は思います。自分は意識していなくても、多くの人から注目されるようになる。私もそうでした。未上場のときには袖から舞台を眺めている感覚でした。上場してからは、自分が舞台に立ち、観衆の前で演じなければなりません。非常に緊張感がありました。社員にとっても上場することはうれしいことですし、活気にもつながっていきます。

2 「20代から、チャレンジングで困難な非定型業務を求められる」環境

誰でも比較的簡単にクリアできる仕事に取り組んでも、成長は望めません。経営者は20代から、実力以上の仕事に挑む機会を社員に提供してあげてほしい。脳に汗をかくような、創造性が必要な仕事を任せてみることが重要です。企業規模が大きいと「重要な仕事を任

されるのは早くて30代後半」という職場も少なくありません。そういった環境はＣＳＡを高めるのには適していません。

部下に対する要望度が高い上司の存在もポイントです。管理職が、部下に過度な配慮をし、要望度を下げている環境は望ましくありません。身の丈以上の仕事にも挑戦させてくれる上司がいれば、間違いなく成長のスピードが上がります。

非定型的な業務というのは、付加価値を生み出す、頭を使う仕事を指します。ルーティンワークとは違います。非定型業務に取り組むことで、変化してやまないマーケットにも対応できる力が磨かれます。誰かが正解を持っている時代ではありません。自分で正解をつくれる社員を育成することは企業力を高めることにもつながるでしょう。

事務的な仕事であっても、工夫を凝らすことで生産性を高めたり、アウトプットの精度を上げることは可能です。その意味では、どんな業種・職種であってもチャレンジングな仕事はできるのです。マネジメント側の工夫としては、ストレッチした高い目標を与えることです。事務的な仕事だからといって前例踏襲主義ではいけません。

大手企業も今は若い社員の裁量を増やしたり、プロジェクトリーダーに抜擢するというケースが増えています。ただ、平均値で言えば、30代までは年功序列的であったり、管理職になるのは40代というような企業が多いはずです。

鉄は熱いうちに打たなければなりません。20代から、チャレンジングで困難な非定型業務を任せられる風土がつくれるかどうかが社員の成長を左右し、ひいては企業の成長につながっていきます。

この環境については、米国の通信会社ＡＴ＆Ｔが社内で実施した調査の結果をヒントにしています。ＡＴ＆Ｔは、ある年に入社した人材が30代になったときに管理職になれたかどうかを調査しました。

入社時には、将来期待されていなかった人材がエリート候補になっていた、というケースがありました。その要因を調べた結果、それらの人材には20代のころに3つの共通点があることがわかりました。①要望性の高い上司についていたこと。②チャレンジングで簡単には達成できない困難な仕事を与えられていたこと。③決まりきった定型的な仕事を続けていなかったことです。

エン・ジャパンでは「20代から、チャレンジングで困難な非定型業務を求められる」環境をどうつくってきたのか。取り組みをご紹介します。

まず、営業職の仕事を「チャレンジングで困難な非定型業務」に意図的に職務拡大してきました。営業職のメンバーにどうやってCSAを身につけてもらうか。考えたのが、営業職に7つの役割を与えることでした。7つとは、①営業、②採用コンサルタント、③取材記者、④求人コピーのディレクター、⑤動画シナリオライター、⑥カメラマン、⑦動画監督です。通常の求人広告の営業は、基本的に営業のみです。当社はそのほかに6つの役割を加えました。

当社の求人広告は正直路線です。求職者が覚悟を持って入社し、入社後も活躍する。そのために企業のネガティブな面も載せること。企業の現状の強みを見出して魅力を引き出すこと。長期的な視点で、採用力を高めるために改善が必要なポイントをアドバイスすること。このようなことをコンサルティングしていきました。

通常、注文をいただいた後の求人広告の制作は、営業ではなく、ディレクターやコピーライター、カメラマンが担当します。当社ではライティングの部分以外は営業にあえて任せました。営業が取材をし、撮影をする。コピーライターと打ち合わせをし、原稿のディレクションを行うのです。これによって当社の営業は企業のことをより深く知ることができます。どのような原稿や写真・画像であれば求人広告の効果が高まるのかをより理解できます。それが営業活動やコンサルにもつながっていき、さらなる成果や自信につながっていくのです。

当社は２００２年8月に世界で初めて求人広告に動画コンテンツを搭載しました。企業のリアルな姿を知るには、静止画だけでなく、動画も必要だという信念からです。この動画も営業が撮影をしました。15秒というCM1本分の時間をどのように使うか。営業がシナリオを考え、現場でカンパニークライアントの社員や幹部の方を監督しながら撮影をします。簡単なことではありません。頭をひねりながらアイデアを考えることが成長につながっていきました。

仕事のアサインの工夫がポイントです。仕事の任せ方を変更したり役割を増やす。同じ仕事であっても「チャレンジングで困難な非定型業務」に変えることが可能です。市場環境が変化した今、一人七役はもうしていませんが、工夫の一例として、参考にしていただければと思います。

次に、前述しましたが、入社4カ月目から、周囲への改善・改革案を出す「周辺変革性」を求めました。20代から「チャレンジングで困難な非定型業務」につながっています。「もっとこうしたほうが効率が高まるのではないか」。「成果が上がるのではないか」。このように考えて提案すること自体が仕事を非定型業務にしていきます。経営者は周辺変革性を求めるのと同時に、意見を出しやすい環境をつくっていくことが大事だと思います。

最後にもう1つ。経営者からの要望を高く出し続ける、ということです。私が社員によく言っていたのは、「他社が2年かかるなら、うちでは2カ月でやろう。そのためにはどうすればいいのかを考えよう」ということです。例えば、新卒社員や第二新卒を一人前にするのに通常2年かかるのであれば、うちでは2カ月で一人前にする、ということです。経営者は無理を言って社員がやる気をなくしてしまうのではないかと思いがちです。ここが我慢のしどころです。社員のCSAを高めるためには、常識を破る要望を社員にし続けることが大切です。もちろん、要望だけでなく、モチベーションを高める工夫や自分自身も一緒に考える姿勢も重要です。「人財マネジメント力」の項目で示した「エンPMマネジメント理論」を活用していくことが求められます。

3 「性別、国籍、学歴、在籍年数に関係なく、実力で正当に評価される」環境

差別なく、正当に実力で評価される会社であること。社員がどんなに意欲があっても、仕事の成果以外の理由によって不当な評価を受ける環境では、モチベーションを維持できません。新しい仕事に挑むチャンスを得ることも難しいでしょう。

例えば、仕事ぶりに関係なく、上位校出身ならほぼ確実に課長まで昇進できる学歴主義。年齢や在籍年数で役職や給与が決まったり、30代まで評価にほぼ差がつかない年功序列。性別や国籍によって評価の偏りが顕著である。このような制度や慣行、あるいは風土のある会社ではCSAを身につけることが困難になります。

エン・ジャパンの評価報酬体系については、第5章で詳しく説明することにします。

会社は実力主義にするべきだと痛感した出来事があります。それは1985年のこと。エン・ジャパンの前身の会社である日本ブレーンセンターに初の女性営業のYさんが入社したときです。他の男性営業の成績を一気に抜いてしまった。イチ営業としての成績だけではなく、「人財マネジメント力」も素晴らしかった。正直驚きました。女性はすごい、これからは女性の時代だと実感した出来事でした。数年後に訪れるバブル期には多くの企業が人手不足。女性の管理職登用に注目。女性重視の機運が高まっていきました。しかし、当社はすでに男女平等の会社になっていたのです。

学歴に関しても私は重視しませんでした。人材登用にも私情は挟まなかった。笑い話ですが、私は役員陣の学歴を最近まで知りませんでした。社歴の長い社員に情がわくのは経営者の常です。それはそれとして、重要な人事には影響を及ぼさないように切り分けることが重要です。経営者はここを間違えないようにすることが大事だと思います。

4 「本業の商品・サービスで自社独自の『主観正義性』を実感できる」環境

「主観正義性」とは、前述した「心を高める」考え方の中の概念です。CSAにとって、最も重要な「考え方」の1つです。社会的にはまだ問題視されていない事象を主観的に問題と捉え、自社なりの正義を主張することを指します。

CSAの概念をいくら唱えたところで、自社で扱う商品・サービスに主観正義性を感じることができなければ、社員はやる気を失ってしまいます。自分の中でつじつまが合わなければ、成長につながるはずがありません。

ここでのポイントは「本業の」という部分です。「発展途上国で井戸を掘っています」「地域の清掃活動をしています」「植林しています」というフィランソロピー（慈善活動）やメセナ（芸術・文化支援活動）とは違います。これら自体は素晴らしいことですが、本業とはほとんど関係がありません。大切なのは〝本業の〟商品・サービスで主観正義性を感じられることなのです。

「主観正義性」が商品・サービスに落とし込まれている会社で働くと、社員は「世の中のためになる仕事ができている」と実感しやすくなります。自分の仕事に誇りを持てるようになるため、より懸命に働き、ＣＳＡの向上につながっていくのです。

別の観点ですが、「主観正義性」は、競合他社との差別化と、持続可能な成長につながる要素でもあります。この環境がない企業は、他社との明確な違いを打ち出せず、横並びにならざるを得ません。価格競争に巻き込まれ、淘汰される危険にさらされます。

「本業の商品・サービスで、自社独自の『主観正義性』を実感できる」。別の表現をするなら、「自分の親族、親友が仮に自分たちの商品・サービスの顧客対象であるなら、自社の商品・サービスを勧められますか」ということです。

売りたくない商品・サービス。売るべきではない商品・サービス。これらを自社の利益のために売る。「主観正義性」とは真逆の行為です。

社員は騙《だま》せません。いくらきれいごとを言っても、現場で扱うものから主観正義性を感じられなければ、会社から離れていきます。少し遠回りになるかもしれませんが、自社の主観正義とは何かを考え、それを商品・サービスに落とし込む。自分の親族や親友に心の底から勧められるのか。自問自答しながら、少しずつでも改善をしていくことが重要です。

エン・ジャパンの主観正義性と商品・サービスへの落とし込み方は前述した通りですが、主観正義性を貫く道のりは平坦《へいたん》ではありませんでした。「仕事のやりがいのみならず、仕事の厳しさも載せましょう。社員・元社員の口コミを求人広告に連動させましょう」。私たちは、そんな提案をクライアントにしてきました。多くの企業から反対や批判を受けてきました。それでも正直路線を貫く。主観正義性はクリティカルな考え方です。誰かから反対・批判されるのは当たり前です。何とか信念をわかってもらえるように対話をし続けてきました。少しずつ実を結び始めました。今では理解者が増え、支持されることが多くなっています。

ここまで4つの環境について説明してきました。当然ですが、この4つの環境はすべて大事です。ただ、あえて1つ選ぶとするならば、4つ目の環境「本業の商品・サービスで自社独自の『主観正義性』を実感できる」が最も大切だと考えています。

私はこれまで、仕事柄、たくさんの企業の求人のお手伝いをしてきました。さまざまな業界の企業を見る中で気がついたことがあります。仮に1つ目から3つ目までの環境が揃っていても4つ目が欠けている業界や企業が多い、ということです。それだけ難易度が高いのです。

この4つ目の環境をつくるには、経営者自身の強い主観正義性がまず必要です。収益性を確保しながら、商品・サービスとの一貫性も確保しなければなりません。信念と忍耐が求められます。経営者はここを避けずに対峙《たいじ》してほしいと強く思います。

第5章

社員のCSAの向上を促進する人事評価・報酬・教育制度

Introduction

ここまで社員のＣＳＡの向上を促進する４つの環境について説明してきました。４つの環境を整えることに加えて、経営者が社員のＣＳＡを高めるためにすべきことがあと２つあります。１つはＣＳＡの「考え方７×能力20」を評価・報酬制度に落とし込むこと。もう1つは、評価と教育を連動させることです。当然ですが、ＣＳＡの概念だけを唱えても効果は上がりません。社員の日々の行動とＣＳＡの向上を結びつけることが重要です。そのリンキングピンが人事評価・報酬・教育制度なのです。

評価・報酬・教育制度への落とし込み。それが社員のCSA向上のカギ

ここからは、当社の評価・報酬・教育制度を説明することで、「考え方7×能力20」を制度に落とし込むことのイメージをつかんでいただきたいと思います。

CSAの概念だけを唱えても効果は上がりません。評価・報酬・教育制度全体に「考え方7×能力20」を落とし込むことで、社員の日々の行動とCSAの向上が結びつきます。つまり、CSAの研鑽が日常化するのです。

まずは当社の「評価・報酬制度」をお伝えし、その後「評価と教育の連動制度」について説明したいと思います。

社員のＣＳＡ向上と業績向上を両立させる。エン・ジャパンの「評価・報酬制度」の考え方

当社の評価・報酬制度のコアとなるのが、２つのグレードシステムです。１つがＣＳＡの高さを反映する「キャリアセレクタビリティグレード」（以下、ＣＳＡＧ）。もう１つが仕事の難易度や目標の高さなどを反映する「ミッショングレード」（以下、ＭＧ）です。ＣＳＡＧとＭＧの違いは図11にまとめています。

グレードシステムを２つに分けている理由は「考え方・能力のレベルアップ」という中長期の視点と「業績貢献」という短期の視点を両立させるためです。ＣＳＡＧは月給、ＭＧは半年ごとの賞与に反映させています。年齢給も勤続給もありません。高い給与を手にするには、考え方・能力を身につけ、昇格・昇給する。もしくは、高い目標をかかげ、業績達成し、高い賞与を狙うしかありません。報酬が業績のみに紐づいている成果主義の企業もありますが、それではＣＳＡを高めるインセンティブが働きません。「考え方・能力の

図11　エン・ジャパン 2つのグレードシステム<CSAGとMG>

	CSAG （キャリアセレクタビリティグレード）	MG （ミッショングレード）
目的	社員のCSA獲得に報いる	社員の短期的な成果に報いる
	CSA（考え方・能力）の高さをランクづける	ミッション（仕事の難易度や目標の高さ等）の重さをランクづける
評価基準	1年間での「考え方」と「能力」の発揮度（再現性・継続性）	半年ごとの目標達成度
報酬との関係	月給を決める	賞与（年2回）を決める

レベルアップ」に対する報いと「業績貢献」に対する報いを分けることがポイントです。そうすることで、社員は中長期的な「考え方・能力」の向上と短期的な業績貢献の両方をきちんと評価してもらえます。経営者にとっては、社員のCSA向上と業績向上を両立させることができるのです。

　CSAGの評価基準は1年間の「考え方」と「能力」の発揮度です。グレードを上げるためには、日常業務や自己研鑽によって、考え方・能力を高めるしかありません。重視するのは「考え方・能力」の発揮に再現性・継続性があったかどうか。一時的に発揮したものではなく、今後も常に発揮できるようになってはじめて成長したと言えます。勤続年数や年齢、学歴などは一切関係ありません。

MGの評価基準は半年ごとの業績です。半年で掲げた目標をどれだけ達成できたのかを判定します。CSAGのように再現性・継続性ではなく、一定期間での業績達成度を評価基準としています。

「CSAG」で「考え方・能力」を評価する

「CSAG」は、入社初年度のM（ミナライ）からスタートし、R（レギュラー）、H（ハナガタ）、C（コア）とグレードが上がっていきます。グレードが上がるほど、「考え方・能力」の発揮度が高くなっていき、月給も上がっていきます。

A（アソシエイツ）は、一定の基準を満たした社員に「永遠の仲間（パーマネントアソシエイツ）」の資格を与える、ということを示しています。基準とは、3年以上の勤務年数

図12　エン・ジャパン　２つのグレードシステム

<table>
<tr><th colspan="3">CSAG
（キャリアセレクタビリティグレード）</th></tr>
<tr><td rowspan="8">C コア</td><td>8</td><td rowspan="18">A　アソシエイツ

※一定基準を満たせばパーマネントアソシエイツ（永遠の仲間）として転職後の活躍も支援する</td></tr>
<tr><td>7</td></tr>
<tr><td>6</td></tr>
<tr><td>5</td></tr>
<tr><td>4</td></tr>
<tr><td>3</td></tr>
<tr><td>2</td></tr>
<tr><td>1</td></tr>
<tr><td rowspan="5">H ハナガタ</td><td>5</td></tr>
<tr><td>4</td></tr>
<tr><td>3</td></tr>
<tr><td>2</td></tr>
<tr><td>1</td></tr>
<tr><td rowspan="5">R レギュラー</td><td>5</td></tr>
<tr><td>4</td></tr>
<tr><td>3</td></tr>
<tr><td>2</td></tr>
<tr><td>1</td></tr>
<tr><td rowspan="2">M ミナライ</td><td colspan="2">2</td></tr>
<tr><td colspan="2">1</td></tr>
</table>

<table>
<tr><th>MG
（ミッショングレード）</th></tr>
<tr><td>20</td></tr>
<tr><td>19</td></tr>
<tr><td>18</td></tr>
<tr><td>17</td></tr>
<tr><td>16</td></tr>
<tr><td>15</td></tr>
<tr><td>14</td></tr>
<tr><td>13</td></tr>
<tr><td>12</td></tr>
<tr><td>11</td></tr>
<tr><td>10</td></tr>
<tr><td>9</td></tr>
<tr><td>8</td></tr>
<tr><td>7</td></tr>
<tr><td>6</td></tr>
<tr><td>5</td></tr>
<tr><td>4</td></tr>
<tr><td>3</td></tr>
<tr><td>2</td></tr>
<tr><td>1</td></tr>
</table>

とR（レギュラー）以上のグレード、そして、辞めるときに問題を起こさなかったかどうかなどです。当社に貢献してくれた仲間はずっと大切にしたい。そのような想いからできた制度です。もし当社から離れたとしても、その後の活躍や成長をできる限り支援しています。

このグレードシステムのことを当社では各レベルの頭文字をとって、CHARM（チャーム）システムと呼んでいます。社員にとって、チャーミングなシステムということと、社員にチャーミングになってほしいと願って名づけました。チャーミングな人になることも、どこでも活躍できる人材の条件かもしれません（笑）。

考え方・能力の発揮度をどう評価すればいいのか。疑問に思う方がいるかもしれません。CSAG評価の概要をお伝えします。

まず、期初に上司と部下で話し合い、「考え方」と「能力」について、今期はどの項目を強化するのかを設定します。どのような状態になっていれば設定した「考え方・能力」が向上したと言えるのか。振り返りや測定が可能な目標にすることがポイントです。その後、強化項目に関連した「日々のアクションプラン」を立案し、実行。上司は日々アドバイスを実施。期の中間地点で上司と部下で振り返り面談を行い、必要に応じてアクションプランを練り直します。期が終わったら最終的な評価を決定します。

前述しましたが、重視するのは「考え方・能力」の発揮に再現性・継続性があったかどうか。これからも常に発揮できるのかを確認します。このように具体的に目標設定をし、その到達度を見ることで、「考え方・能力」という目に見えにくいものを評価することができるのです。

■MGでは業務の実績を評価する

MGは1~20のレベルを設けています。担当している仕事の責任に応じてグレードが高まり、賞与額も上がっていきます。目標の高低や達成難易度、重要度、希少度などを基準に設定をします。

ＭＧのレベルを上げるには、現在の仕事で十分に実績を上げているかどうかが重要です。現在の役割を十分にこなしていて、さらに大きな仕事を任せても大丈夫だと思われれば、ＭＧの目標設定を高めていけます。

別の観点では、社員の意志も重要です。この仕事をしたいと手を挙げてくれる社員は、困難があったとしてもやり遂げてくれる可能性が高いからです。もちろん、その人の実力を冷静に見極めた後での話であることは言うまでもありません。

ＭＧの評価は業績そのものです。半年で掲げた目標をどれだけ達成できたのかを判定します。ＣＳＡＧのように再現性・継続性ではなく、一定期間での業績達成度を評価基準としています。同じＭＧレベルの人同士でも、達成度によって賞与額に差が出る仕組みです。そうすることで、短期的な頑張りもしっかりと評価することができるのです。

■２つのグレードを用いるもう１つの背景

ＣＳＡＧとＭＧを分けているのにはもう１つ理由があります。担当している仕事の重さのみで社員のグレードを決める、つまりＭＧのみでグレードを決めるのには問題があるからです。

異動を難しくし、組織の硬直化を招きます。ある仕事で結果を残し、グレードが上がった。別の職種に異動したら、未経験なのでグレードはまたイチから。これでは会社のために異動しようという人はいなくなります。成長企業では新しい部署ができるなど組織の変更が頻繁に起こります。子育てや介護によって一時的に仕事の負担を減らすときもあります。それでも、その人が発揮している考え方・能力が下がるわけではありません。担当する仕事だけでなく、考え方・能力によってレベルを決めることは、組織の柔軟性を保つためにも非常に重要なのです。

■社員の納得度を高める「評価と教育の連動」

ここからは当社の評価と教育の連動システムについて詳しく説明したいと思います。全体像は図13をご覧ください。図の通り、評価と教育は一連のサイクルにすることではじめてその効果を発揮します。評価だけ、教育だけでは効果は半減してしまいます。多くの企業では、人事評価は社員の不満がとても多いイベントです。なぜなら、納得度が低いからです。「今期のあなたはここが足りませんでした」。これで終わってしまうことが多いのです。社員からすれば「では、どうすればいいの？」となります。評価をして、足りない部分を指摘するのであれば、その部分を強化する教育までセットで伝える。そうすることではじめて社員は納得するのです。

当社では自社が運営するオンライン教育コンテンツ「エンカレッジ」にて、社員が強化したいポイントに合わせて、多数の教育ソリューションを提供しています。社員は９００以上ある講座の中から、自分の課題・ニーズに合わせて学習コンテンツを選択することができます。もちろん、ＣＳＡの考え方・能力に沿ったプログラム提供をしているので、Ｃ

図13　CSAグレードにおける「評価と教育の連動」システム

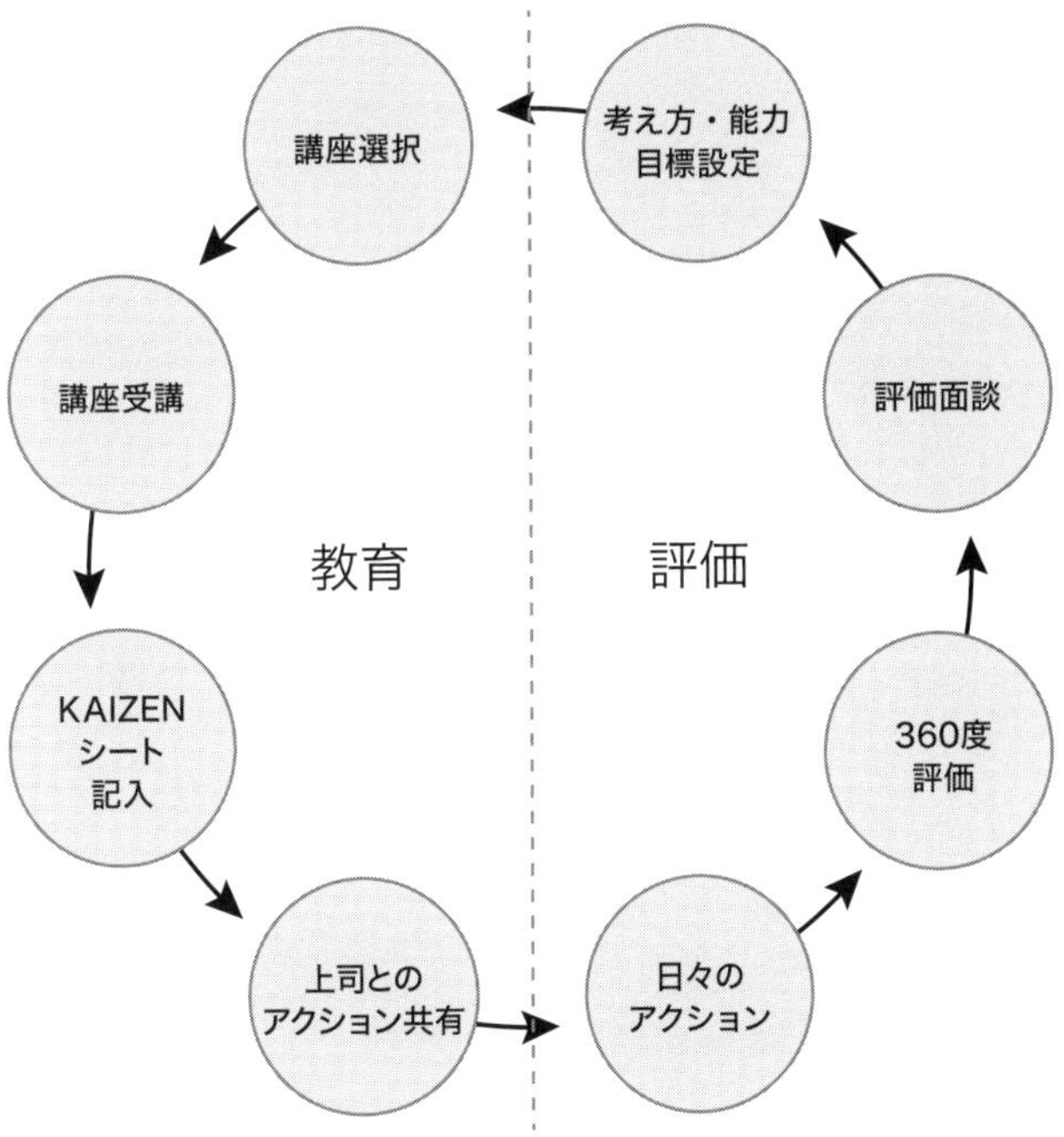

ＳＡの向上に大きく寄与しています。

■サイクルで最も大事なのは「３６０度評価」

当社の「評価と教育の連動」システムにおける一番のポイントは３６０度評価にあります。

３６０度評価とは、上司、部下、同僚の全方位から自身を評価してもらう仕組みです。当社の３６０度評価は、まず、自分の考え方7と能力20を5段階で評価します。その後、上司、同僚、部下からも自身の考え方7と能力20のすべてを5段階で評価してもらいます。その結果を比較することで自分自身の強み、弱みを客観的に理解することができるのです。

図14に３６０度評価の結果シートのサンプルを載せています。

このようなシートに本人のスコアと他者からのスコアが示されます。この結果を見ながら

図14　360度評価の結果シート（一部）のイメージ

	設問		本人	他者	上司	部下・同僚	ばらつき	全体	点数 1 2 3 4 5
対人関係力	8 好感度…	【好感演出力】…………	5.00	4.00	5.00	3.00	大	3.87	
	9 キモチ…	【キモチ伝達力】…………	3.00	3.00	3.00	3.00	小	3.80	
	10 対人傾…	【対人傾聴力】…………	4.00	3.00	4.00	2.00	大	3.91	
	11 他者活…	【他者活用力】…………	[illegible]	[illegible]	[illegible]	[illegible]	[illegible]	[illegible]	
	12 対人大…	【対人大善力】…………	[illegible]	[illegible]	[illegible]	[illegible]	[illegible]	[illegible]	
発想力	13 発想研…	【発想研磨力】…………	[illegible]	[illegible]	[illegible]	[illegible]	[illegible]	[illegible]	
	14 問題発…	【問題発見力】…………	[illegible]	[illegible]	[illegible]	[illegible]	[illegible]	[illegible]	
	15 既存改…	【改善アイデア発案力】…………	[illegible]	[illegible]	[illegible]	[illegible]	[illegible]	[illegible]	
	16 新規ア…	【新規アイデア創案力】…………	[illegible]	[illegible]	[illegible]	[illegible]	[illegible]	[illegible]	
	17 問題分…	【問題分析力】…………							

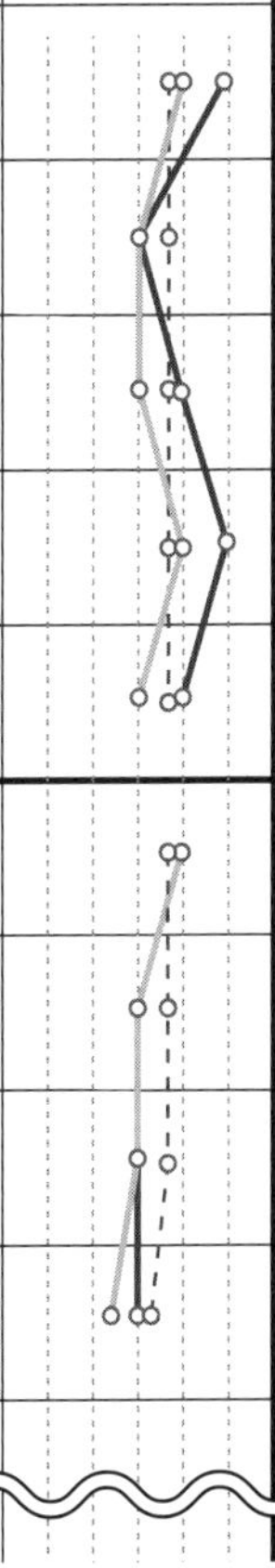

ら、上司と部下で話し合います。上司はまず、部下の強みをほめることから始めてください。その上で、注目すべきは「弱み」です。本人も他者も弱みだと思っている項目。本人は強みだと思っているが、他者からは弱みと思われている項目。これらの項目を認識することが重要。部下は納得いかなかったら、反論してOK。話し合うことが大切です。お互いに見解を述べながら、各項目の点数を決めればいい。合意形成が重要です。それが評価の納得感を生むのです。

「考え方・能力」の全項目を身につける。社員にそう決意させるのが経営者の仕事

なぜ、弱みに注目するのか。美点凝視、つまり強みを伸ばすだけでは「どこでも活躍できる人材」にはなれないからです。

世の中の変化はますます激しくなっていきます。すでに持っている強みだけでは、誰しもが勝負できないことは明らか。自分自身を常に改善、成長させていかなければ活躍し続けることは難しいのです。

これまで述べてきた通り、ＣＳＡの考え方・能力はすべて「どこでも活躍できる人材」になるために不可欠です。苦手な項目だからといって、身につけることを社員に避けさせてはいけません。まずは挑戦してみること。そう思わせることこそが経営者の仕事だと私は思っています。

考え方７と能力20をすべて身につける。すべての社員にこの決意をさせる。経営者はこのことをあきらめてはいけない。私は強く思っています。

決意をさせるときに重要なのが３６０度評価なのです。考え方７と能力20の現状が客観的に可視化されます。それを見ながら、弱い部分をどう強化していくかを一緒に考える。こうすることが、ＣＳＡのすべてを強化することに社員を向かわせていくことになるのです。

CSAはこれからのデジタル社会を生き抜くために不可欠とされる「4つのC」とも合致しています。「4つのC」とはCritical thinking（批判的思考）、Communication（コミュニケーション）、Collaboration（協働）、Creativity（創造性）です。

「4つのC」は全米教育協会やアップル、マイクロソフトなど20以上の組織や教育専門家によって2002年に提唱された「21世紀型教育」の指針となる概念。これからの学校教育は専門的な技能に重点を置かず、この「4C」という汎用《はんよう》性のある生活技能を重視すべきだと主張されています。ビジネスの世界も一緒です。どこでも活躍できる人材になるには、汎用性のある生活技能、すなわちCSAが必要です。もちろん、専門的なテクニカルスキルも必要であることは言うまでもありません。

偶然にもCSAは「4C」をカバーしています。「Critical thinking」が「主観正義性・周辺変革性」、「Communication」が「対人関係力」、「Collaboration」が「多様受容性・自発利他性・組織貢献力」、「Creativity」が「発想力＋論理力＝創造力」です。

この観点からも、ＣＳＡを身につけることは、どこでも活躍できる人材へとつながっていると言えます。経営者のみなさんは、社員に考え方・能力のすべてを身につけさせる決意をしていただければと思っています。

社員の「弱み」を克服する。そのために最適な教育コンテンツを用意する

３６０度評価で自身の考え方・能力を客観視する。弱みを上司と話し合い、どの項目を克服していくのかを決める。ここで重要なのが、強化項目と合致した教育コンテンツによる学習です。

エン・ジャパンでは自社が運営するオンライン教育サービス「エンカレッジ」にて、「考え方7×能力20」の項目に連動した教育プログラムを用意しています。強化したい項目に

図15　オンライン教育サービス「エンカレッジ」

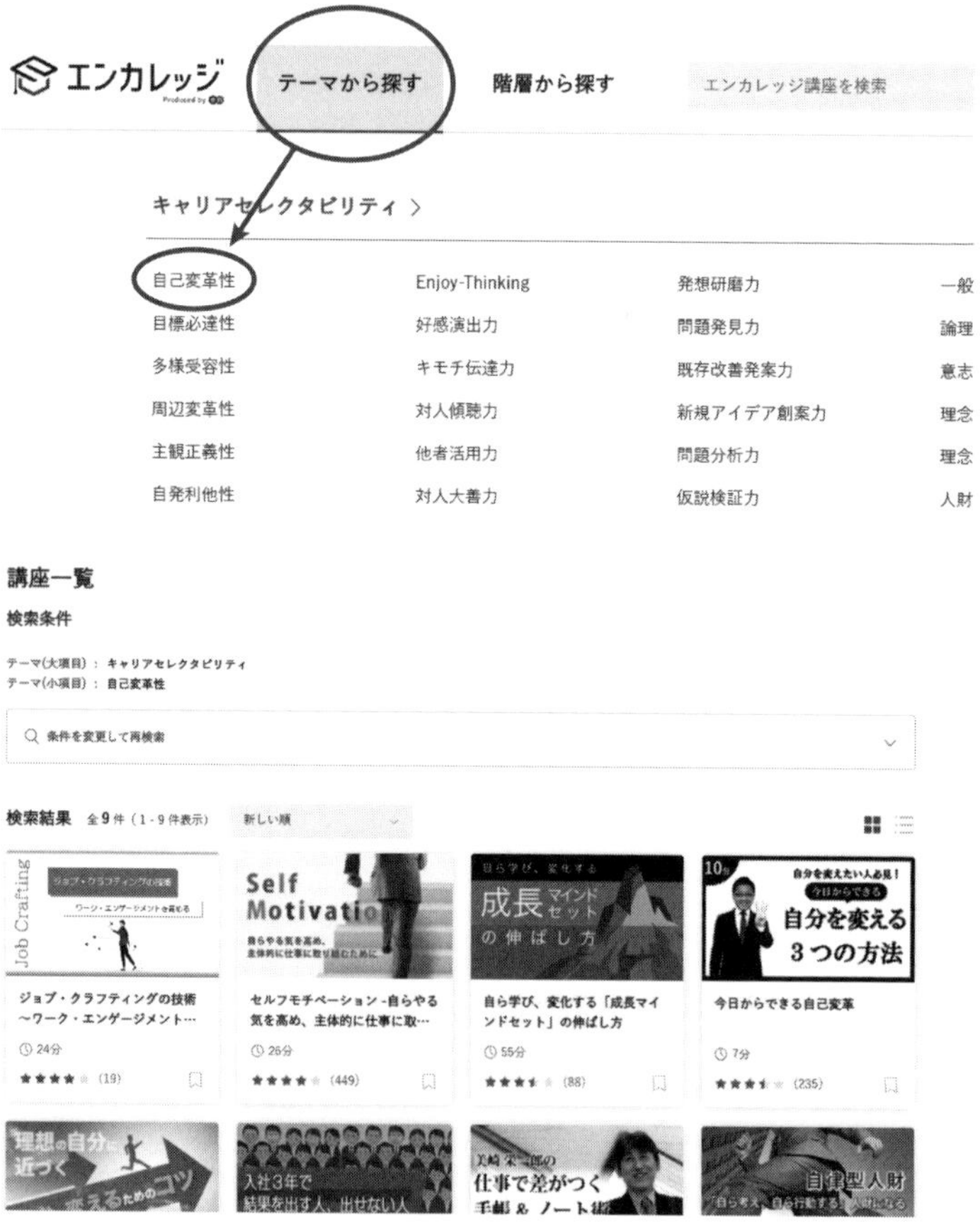

自分の弱みを把握したら、「エンカレッジ」で強化したい項目を選択。具体的な学習コンテンツがあるから、CSA 向上を図ることができる。

必要な知識やアクションを即座にインプットすることが可能です。

弱みを可視化するだけでは社員は納得しません。どう克服すればいいのか。具体的な学習コンテンツまでセットで揃えるからこそ、全項目の強化を奨励することができるのです。例えば、「自己変革性」の強化が必要な場合、「エンカレッジ」から関連する講座を受講することができます。

受講だけで終わらせない。「実効性のある教育」にするために

研修はただ実施するだけ、つまり、やりっぱなしでは、効果はあまり期待できません。研修の内容を現場での行動変容につなげなければ意味がないのです。その行動変容を促すツールが受講後に記載する「ＫＡＩＺＥＮシート」です。

図16 「自己変革性」の講座を受けたKAIZENシートの実例

【1】自己改善のための行動計画

（1）今回の講座で気づいたこと、学んだこと

【学び】
具体的な発揮ノウハウとして以下3点
「やったことのない仕事に手を挙げ、強制的に変えざるを得ない状況をつくる」
「自分の仕事をやりきり、その上で上司の仕事を積極的に奪いにいく」
「他者から成功要因・失敗事例を学ぶ」

【気づき】

ちょうど今週上司と1on1があるため、その際に上司の仕事を任せてもらえるか相談してみようと思う。

（2）「①」の内容を業務に活かすためには、具体的にどう行動すればいいでしょうか？
次のアクションとして、いつ（までに）、何を行い、その上で工夫することを記入してください。
※NGワード：意識する、努力する、徹底する、注意する、心がける、などの曖昧な表現

【いつ（までに）】

今週中

【何を】

上司の仕事を自分に任せてもらえるよう上司に打診をする。


【どのように】

自分の業務をやりきれているかを聞く。

やりきれている場合、上司が今どのような業務をしているかを聞き、一部を任せてもらえないか相談する。


【どれくらい】

1on1の際に一度話してみる。

【2】組織・会社への改善アイデア

（1）今回の講座内容と関連する、所属部門や会社全体、クライアントの課題点としてどのようなことが考えられますか？

自組織のメンバーにおいて、各自日々何か新しいことにチャレンジしているとは思うが、共有し合う機会が少なく、お互い把握できていない点が多い。

（2）その課題の解決策・改善方法として、具体的にどのようなことが考えられますか？
思いついたアイデアを記入してください。

朝礼時にどれだけ小さなことでもいいので新しいことにチャレンジした者を称賛するコンテンツを用意する。併せて、チャレンジしたことでの学びや気づきを共有してもらうことで組織全体の自己変革性の向上を図る。

「ＫＡＩＺＥＮシート」の特長は2点あります。1つ目は、自身の業務に活かすための行動計画まで書く、ということです。前述の通り、研修は実務での行動変容につながらなければ意味がありません。評価されません。行動計画まで具体的に立てることによって、現場での行動が変わっていくのです。

2つ目は、自身のみならず、組織・会社への改善アイデアを出してもらうところです。社員のレベルアップのみならず、会社への改善アイデアも出してもらうことができます。会社にとってもメリットが大きいです。

■現場での実践におけるキーマンは評価者である上司

ＫＡＩＺＥＮシートに記入した後は、その内容を上司と共有します。実は研修が現場での行動変容につながるかどうかは、上司の行動にあるのです。研修の内容を現場で行おうとしても、上司がその内容を理解していなければ、止められてしまう可能性があります。上司がＫＡＩＺＥＮシートの内容を理解し、部下に現場で実施させる。これができれば、部下の行動は変わっていきます。研修を現場で活かせるかどうかのキーマンは評価者である上司なのです。

本章では、当社の評価・報酬制度、加えて評価と教育の連動制度について概観してきました。考え方と能力の向上は、最終的には社員自身の努力によるところが大きいです。しかしながら、人事制度全般は経営側の努力で整えることが可能です。経営者はこのことを強く意識することが重要だと思っています。人事部に任せきりにならないように注意してください。

おわりに

本書の結びにあたり、経営者のみなさまへのメッセージを書かせていただきます。

私は経営者のみなさまとともに、日本を強くしたい、と思っています。日本はこれからますます弱体化が進んでしまうのではないか。この危機感が背景にあります。

名目GDPは2010年に中国に抜かれ3位に。2023年ではドイツにも追い抜かれました。少子高齢化による人口減少には歯止めがかかりません。詰め込み教育への批判から導入された、いわゆる〝ゆとり教育〟。私は「野心、競争心、困難を乗り越えるエネルギー」という、いわば「逞しく生きる力」を若者から奪った、と思っています。

拍車をかけるように、昨今、働き方改革が叫ばれています。ワーク・ライフ・バランスの掛け声のもと、労働時間の削減ばかりが注目されました。確かに過労死を招く働き方は許されません。生産性ももっと高められる。ただ、すべてのビジネスパーソンが横並びに働く時間を少なくすればいい、というものではありません。特に、新入社員や若手から成長する機会を奪ってはいけない。

これまで日本の人材育成、とりわけ若者の育成は企業が担ってきた、と私は考えています。その自負を経営者のみなさまにはぜひ持っていただきたい。

家庭や学校よりも、若者は企業で磨かれるのが現実です。私も含めて、家庭ではなかなか子供に厳しくできない（笑）。学校教育でもさまざまな取り組みがなされていますが、限界がある。ビジネス社会こそが、若者が育つ絶好のステージだと思います。

社会人になると、プロとして最善を尽くすことが求められます。競合他社ではなく、自社が選ばれるかどうか。顧客に貢献できなければ会社は潰れてしまいます。

だから、経営者は社員に高い要望をすることができる。若手は仕事で鍛えられ成長できる。こんな環境はビジネス社会以外ありません。

もちろん、中堅やベテラン社員にもＣＳＡを要求してください。今からでも遅くはありません。

しかしながら、今、このビジネス社会も若者を育てる機能を失おうとしています。労働時間の問題、ハラスメントの問題などのさまざまな環境変化。若手育成の難易度が増しています。自信を持てず、頭を悩ませている多くの経営者の姿を見ています。私は、これまでの経験をすべてつぎ込んで、みなさまのサポートがしたいと思っています。

振り返ると、私は社員にとって厳しい経営者だったと思います。なぜ厳しくできたのか。社員をどこでも活躍できる人材にする。つまり、ＣＳＡを身につけさせる。それが社員に対する一番の恩返しになる。その信念を持っていたからです。会社の成長のため、利益のためという利己的な理由ではここまで厳しくできなかったと思います。

そのＣＳＡの背景にある想い。具体的な内容。どう身につけさせていくのか。「ＣＳＡ経営」として本書でまとめました。もし、ＣＳＡの「７つの考え方」「20の能力」「４つの環境」の中で気に入っていただけた部分が１つでもありましたら、ぜひ導入してみてください。

私が今後やりたいことは、この「ＣＳＡ経営」を広めることです。目的はこれまで述べた通り、お世話になったクライアントの経営者を支援すること。その先におられる社員のみなさまに「どこでも活躍できる力」を身につけてもらうことです。

具体的な取り組みは２つです。１つは先ごろ「一般社団法人ＣＳＡ経営協会」を設立しました。経営塾を開設し、ＷＥＢや対面によるセミナーや勉強会などを実施。本書でご説明したＣＳＡ経営の理解を深めていただくこと。経営者の方々の悩みに個別でご相談に乗ること。私にご協力できることがあれば、お力になりたいと思っております。この経営塾は共創型です。私から一方的に何かを伝える。そうではなく、みなさまと一緒に「ＣＳＡ

経営」を進化させていく。これまでは社員とつくってきましたが、これからは経営者のみなさまとつくっていきたいと考えています。疑問に思うこと、異論があること、さまざまな意見を出し合いながら、共に学んでいきたい。

経営者のみなさま、この本についてのご意見や疑問もいただければ幸いです。ぜひ巻末の連絡先にお気軽にご連絡いただけたらと思います。必ず私から返信させていただきます。

もう1つは、2020年から行っている「CSA賞」。正式には「CSA賞～20代に薦めたい『次世代型人材』創出企業～」です。主観正義性と収益性を両立し、かつ、20代の若手を「どこでも活躍できる人材」に育成している。このような企業に光を当てることが目的です。ゆくゆくは「CSA経営協会」でご支援させていただいた企業が「CSA賞」を獲得できるようにしていければと考えています。

本書ではCSAとCSA経営について説明してきました。一方で、さらにお伝えしたいこともあります。

例えば、働くすべての人にとって大切な仕事価値観について。私はこれからのビジネスパーソンには2つの仕事価値観が重要になると考えています。2つの仕事価値観とは、「Inner Calling（インナーコーリング）」と「Work Hard（ワークハード）」。それぞれの頭文字をとって「I&W仕事価値観」と呼称します。「Inner Calling」とは、自分の内にある利他心を呼び出す、という意味を込めたエン・ジャパン独自の造語です。人間であるなら誰もが持っている利他性を引き出す。自分や血のつながった家族のためだけではない。他人のため、社会のためを考えて仕事をする、という仕事価値観を指します。

「Work Hard」は「懸命に仕事をする」という意味であり、「ハードワーク（きつい仕事）」とは異なります。米Ａｍａｚｏｎ社や、ｉＰＳ細胞研究の第一人者である山中伸弥教授など、あらゆる分野で一流と目される企業・職業人に共通する仕事価値観です。

創業期から今までを振り返った経営の要諦についても書きたいと思っています。もちろん、採用戦略にも触れるつもりです。今回はＣＳＡ経営に絞ってまとめましたが、書ききれなかったことも多くあります。今後も書籍を中心に何らかの形にしていきたいと思います。

最後に、これまでお世話になったクライアントのみなさま。ＣＳＡをたゆみなく実践し、日報などを通して私に多くの気づきを与えてくれたエン・ジャパンの社員のみなさん。オンライン経営塾である「越智塾」でさまざまなテーマで数多くの議論をしてくれた社内の塾生のみなさん。役員・経営陣のみなさん。そして最後に、日本ブレーンセンターに新卒で入社し、エン・ジャパンの立ち上げから上場をともに奮闘し、社長を引き継ぎＣＳＡ経営を継承してくれている鈴木孝二社長に感謝したいと思います。

２０２４年初春

越智通勝

「CSA 経営協会」の URL は以下の通りです。
本書に関するご意見やご感想、セミナー日程などの
情報の閲覧はこちらからお願いいたします。

https://csa-association.com/

［著者］

越智通勝（おち・みちかつ）

エン・ジャパン株式会社創業者、取締役会長。
一般社団法人CSA経営協会理事長。一般財団法人エン人材教育財団代表理事。20代に薦めたい次世代型人材創出企業「CSA賞」審査委員。
事業創造大学院大学客員教授。「ベストベンチャー100」審査委員。

1951年、兵庫県芦屋市生まれ。甲南大学経済学部卒業後、メーカーを経て、大手教育コンサルティング会社に転職。組織開発・教育研修の企画・提案業務に従事。83年、大阪のマンション一室で、求人広告代理店である株式会社日本ブレーンセンターを一人で創業。

95年、求人・求職サイト「縁」Employment Net事業を開始。2000年に同事業をエン・ジャパン株式会社として独立させ、代表取締役社長に就任。

01年6月、設立から1年6カ月で上場(現在、東証プライム)。ベトナム、インドなどグローバルで3000名を超える企業にまで成長させる。22年より現職。

24年度より、CSA経営協会を設立し、顧客を中心とした企業の経営課題の解決をサポートする予定。

エン・ジャパンの飛躍を支えたＣＳＡ経営

2024年３月26日　第１刷発行

著　者――越智通勝
発行所――ダイヤモンド社
〒150-8409　東京都渋谷区神宮前6-12-17
https://www.diamond.co.jp/
電話／03･5778･7235（編集）　03･5778･7240（販売）
装丁――竹内雄二
編集協力――間杉俊彦
校正――久高将武
ＤＴＰ――荒川典久
製作進行――ダイヤモンド・グラフィック社
印刷――堀内印刷所(本文)・新藤慶昌堂(カバー)
製本――ブックアート
編集担当――田口昌輝

ISBN 978-4-478-11920-4